AF557537

Die Smaragdtafeln

für Heute und Morgen

Die Weisheit alter Zeiten
überarbeitet für Wahrheitssuchende der Neuzeit

Ashalyn & Thoth, der Atlanter

Titel der Originalausgabe:
The Emerald Tablets for 2012 & Beyond

Titel der Originalausgabe:

The Emerald Tablets for 2012 & Beyond

Aus dem Amerikanischen übersetzt von Regina Huber

Überarbeitung: Renate Lippert

Titelbildgestaltung: Rudolf Lippert

Gestaltung: Renate und Rudolf Lippert

Deutsche Erstausgabe 2013

Tel.: 07578-2229, Fax: 07578-933194

www.lippert-verlag.de

e-mail: service@lippert-verlag.de

In Deutschland gedruckt

ISBN 978-3-95506-006-0

Mein inniger Dank gilt

all denen, die mich über die Jahre hinweg gelehrt und mir geholfen haben, über den Tellerrand zu blicken, um die wahre Bedeutung des Lebens hier auf der Erde zu erkennen. Es gibt immer noch mehr zu lernen.

Thoth, dem Atlanter, weil er mich noch mehr zu mir selbst erweckt hat und weil er mich dazu gebracht hat, neue großartige Ebenen zu erreichen.

Den vielen Wesenheiten meines Teams in der geistigen Welt, die mich unterstützt, inspiriert und erleuchtet haben und die mir immer den Rücken freigehalten haben.

Ganz besonders möchte ich Danke sagen dafür, dass ich das Privileg habe, zu diesen entscheidenden Zeiten auf dem Planeten Erde zu sein.

Dieses Buch ist all jenen gewidmet, die ihre Göttlichkeit vergessen haben, jenen, die schon zu lange unterwegs sind, jenen, die es besser wissen, aber Angst haben, ins kalte Wasser zu springen und jenen, die nur widerstrebend das Magische manifestieren.

Öffnet eure Herzen für eure Größe und wandelt stolz ein paar "Minuten" länger in eurer menschlichen Form. Die Zeit schuldet euch nur eine kurze Reise auf der Erde. Atmet in eure Großartigkeit und strahlt diese Großartigkeit überall, wohin ihr geht, aus.

Möge der Friede mit uns sein,
heute, morgen und für immer und ewig.

Inhalt

Inhalt

Wo all das beginnt

Ich, Thoth der Atlanter, möchte euch mit Hilfe von Ashalyn weitere Informationen über die frühe Geschichte der Menschheit und die unglaublichen Fähigkeiten der Menschen überbringen, als euch in dem Buch *Die Smaragdtafeln von Thoth dem Atlanter* bereits gegeben wurden. Dr. Maurice Doreal veröffentlichte dieses Buch erstmals im Jahre 1939 und übersetzte die zwölf Smaragdtafeln, die mir vor vielen Tausend Jahren, nach der vollständigen Zerstörung der Inseln von Atlantis, übergeben worden waren. Der Zweck der Smaragdtafeln bestand darin, der Menschheit zu helfen, zu allem zu erwachen, was sie einst wusste, denn sie hatte diese Wahrheiten vergessen. Die Menschheit befindet sich derzeit in einer sehr ähnlichen Situation. Es ist an der Zeit, unsere Prioritäten neu auszurichten und der Weisheit des Geistes zu erlauben, unser Leben zu führen und nicht dem "falsch ausgerichteten" Ego.

Die Smaragdtafeln waren eine Aufzeichnung einiger meiner Erfahrungen als Unsterblicher während meiner Regentschaft als Priester-König von Atlantis und später in Khem (Ägypten). Vieles wurde von den *Smaragdtafeln von Thoth dem Atlanter* gelernt, doch vieles wartet noch darauf, verstanden zu werden. Darum schreiben Ashalyn und ich dieses Buch, um größere Klarheit zu gewinnen und um der Menschheit noch mehr Informationen für ihre gegenwärtige Reise in diesen entscheidenden Zeiten zu geben. Es bereitet mir große Freude, meine Wissen mit jenen zu teilen, die bereit sind, die Herausforderung anzunehmen, jeden Schritt des Weges als die großartigen menschlichen Wesen zu gehen, als die sie einst bestimmt waren. Ihr habt noch nicht einmal angefangen zu verstehen, wie mächtig ihr seid und wie schöpferisch ihr sein könnt. Die Möglichkeiten sind wirklich unbegrenzt.

Du bist auch ein unsterbliches Wesen, das gegenwärtig in einem physischen menschlichen Körper lebt. Viele von euch haben das vergessen. Als Folge dieses Gedächtnisverlustes habt ihr euch eine Situation massiver Gefahr hier auf dem Planeten Erde geschaffen. Ihr seid sogar so weit gegangen, dass ihr eure Brüder und Schwestern tötet, die anders sind als ihr und begründet diese abscheuliche Tat, indem ihr behauptet, dass ihr im Namen des höchsten Schöpfers handelt, der mit vielen Namen bedacht wird.
In der gesamten Geschichte waren viele der Vorstellungen, die die Menschen als Wahrheit erachtet hatten, nur begrenzte Versionen dessen, was wirklich möglich ist. Diese Vorstellungen sind aus den verschiedensten Gründen auf unterschiedliche Weise verändert, missverstanden oder fehlinterpretiert worden. Es gibt viele unterschiedliche Glaubenssysteme heute auf der Erde und vieles von der Wahrheit, die noch in jedem von ihnen steckt, wurde über die Jahre hinweg verdreht und falsch dargestellt, nicht nur aus Ignoranz, sondern auch aus Gründen der Kontrolle oder Manipulation.

Diejenigen, die euch kontrollieren wollen, fühlen, dass sie euch eure Macht und eure Fähigkeit, selbst zu denken, wegnehmen müssen, denn dann seid ihr keine Bedrohung mehr für ihre Machtposition. "Lasst sie im Dunkeln tappen," sagen sie. "Haltet sie verwirrt. Dann wird ihre Ignoranz sie in die Irre führen und uns vom Leib halten" Diese verdrehten *Wahrheiten* müssen mit der Wurzel herausgerissen und vernichtet werden, damit die Menschheit vollständigen Zugang zu der reinen Wahrheit und nur zu der Wahrheit hat. Vielleicht können die Menschen dann anfangen, sich gegenseitig zu vertrauen.

Also, wie lange noch, meine lieben Brüder und Schwestern, wollt ihr in Ignoranz und Verwirrung leben? Ihr könnt es euch nicht leisten, blind in eine Zukunft voller Betrug und Gier zu gehen. Eure Hopi-Brüder haben euch daran erinnert, dass "ihr diejenigen seid, auf die ihr gewartet habt". Es ist an der Zeit, aufrecht in eurer Kraft zu stehen und das zu tun, wozu ihr hergekommen seid.

Es ist nun an der Zeit, dass ihr euch ein paar sehr wichtige Fragen stellt. Wann werdet ihr eure Augen aufmachen und sehen, was wirklich passiert? Wann werdet ihr anfangen, die Vielfältigkeit zu feiern, anstatt ihretwegen zu töten? Wann werdet ihr es vorziehen, euren Träumen zu folgen, anstatt zu meinen, dass es unmöglich sei? Wann werdet ihr der Welt erklären, wer ihr wirklich seid und was ihr wirklich denkt?

Es ist an der Zeit, einen zweiten Blick auf das zu werfen, was ihr mit euren Leben gemacht habt und wie ihr sogar noch erfolgreicher sein könntet. Ihr seid nun aufgefordert, herauszufinden welche Talente und Begabungen ihr der Welt anzubieten habt und endlich damit anzufangen. Der Wandel hat schon begonnen. Es gibt keine Möglichkeit mehr, wegzulaufen. Der Zeitpunkt ist jetzt, nicht morgen oder gestern. Stellt Autorität in Frage und grabt tief nach der Wahrheit. Wenn ihr weiterhin in der Blase der Ignoranz lebt, werdet ihr schließlich dahinwelken, so wie die Blume, die über ihre Blüte hinausgekommen ist. Nehmt eure Schöpferkraft an und geht voran mit Freude und Enthusiasmus, mit der Wahrheit als ständigem Begleiter.

Während ihr anfangt, euer Selbst umzuerziehen, ist es auch wichtig zu erkennen, dass Wahrheit relativ ist. Je mehr man über die Welt(en) um einen herum lernt, desto mehr versteht man das umfassende Wesen der Wahrheit. Erinnert euch, Galileo wurde eingesperrt, weil er sagte, dass die Erde rund ist – eine höchst offensichtliche Wahrheit, sogar für die jüngsten Schüler von heute. Habt keine Angst davor, "unbequeme Wahrheiten" zu verbreiten. Wenn ihr von ihrer Richtigkeit überzeugt seid, könnt ihr diese Wahrheiten nicht sterben lassen, ohne sie weiter zu erforschen und der Welt mitzuteilen. Es ist wichtig, dass ihr einander ermutigt, neue Wissensgebiete zu erkunden, mit Gleichgesinnten die vielen Möglichkeiten zu diskutieren und mit ihnen ihre Erkenntnisse auszutauschen, sobald sie alle Fakten zusammengetragen haben.

Was ist mit der Zeit passiert, als die Menschen sich noch gegenseitig vertrauten und sich immer an ihre Vereinbarungen gehalten haben? Integrität war da von höchster Wichtigkeit. Erinnert ihr euch an das "Gentleman's Agreement" *(Absprache unter Ehrenleuten, A.d.Übers.)*, wo ein Handschlag alles war, was man brauchte, um ein Geschäft abzuschließen? Heute ist Vertrauen etwas, das man sich im Laufe der Zeit verdienen muss. Misstrauen gibt es immer, weil ihr die Absichten der Menschen in Frage stellt und nach Hintergedanken sucht. Projekte gehen aufgrund der ganzen gegenseitigen Kontrollen, die nötig sind, die eigentliche Wahrheit zu bestimmen, langsam voran. Denkt an die Zeit und das Geld, das eingespart werden könnte, wenn ihr darauf vertrauen könntet, dass jeder die Wahrheit spricht.

Die ätherischen Schleier, die den Blick des Menschen über die Jahrhunderte hinweg getrübt haben, werden langsam entfernt. Das macht es viel einfacher für euch, bewusst auf eure göttliche Anbindung und die vielen Geheimnisse des Universums zuzugreifen, die im Begriff sind, alltägliches Wissen für diejenigen zu sein, die hören können. Ihr erlebt eine Revolution des Bewusstseins, die dabei hilft, alte Schranken niederzureißen, geschlossene Schubladen zu öffnen und uralte Dokumente vor den Massen auszubreiten. Ihr müsst den besten Weg lernen, all das zu verstehen – frei von jeglichen vergangenen falschen Vorstellungen, Ängsten oder missverstandenen Interpretationen.

Lass nicht zu, dass dein Selbst hinter dieser phantastischen Revolution zurückgelassen wird. Es ist an der Zeit, Auffassungen, die jetzt nicht länger die Schwingung der höchsten Wahrheit für dich haben, zu identifizieren und zu entfernen. Du schuldest es dir und der Welt um dich herum, dass du, wo immer du kannst, etwas veränderst. Dann schau dir die wunderschönen Veränderungen an, die sich aus deinen Handlungen ergeben.

Jetzt ist eine wunderbare Zeit, uralte, ehemals vergessene Wahrheiten wieder aufzugreifen, während du verstehst, wie sie dir in deiner heutigen Reise helfen können. Deshalb bat ich Ashalyn, mir zu helfen, die *Smaragdtafeln* neu zu schreiben. Diese wertvolle, zeitlose Information muss für alle Menschen überall zugänglich sein. Unser Buch *Die Smaragdtafeln für die Neue Zeit* fügt die uralten Konzepte der Smaragdtafeln zusammen und verbindet sie mit den heutigen Wahrheiten, die nicht länger ignoriert werden können.

Auch werde ich euch in diesem Buch erklären, wer ich, Thoth der Atlanter, bin und warum mir die Smaragdtafeln in alter Zeit gegeben wurden. Auch längst vergessene Informationen über euer atlantisches Erbe und eure lemurischen Vorfahren werden genau beschrieben.

Ich verspreche euch, dass alles in diesem Buch der Wahrheit entspricht. Es ist die Wahrheit, gesehen durch meine Augen auf meiner Suche nach Wissen und Weisheit durch den Kosmos und darüber hinaus. Als ein Unsterblicher war meine Reise erfüllt mit Freude und großem Kummer als ich sah, wie die Menschheit zu großen Höhen aufstieg und schließlich ihren Weg verlor, immer und immer wieder. Über Tausende von Jahren schon beobachte ich die Rekonfiguration der großen Blaupause des Planeten Erde, die nun mehr als je zuvor Chaos beinhaltet, was es noch schwerer macht, wenn man sich auf die Suche nach der Wahrheit begibt.

Ashalyn und ich bitten dich, alle deine Sinne zu öffnen, wenn du die Wahrheiten erforschst, die in dieses Buch geschrieben wurden. Folge deinem Herzen und der Weisheit deiner Seele und du wirst nicht in die Irre geführt werden. Lausche auf den Pulsschlag der Erde, wenn sie wieder der wundersamste Ort wird, den wir – die Mitschöpfer – sich vorstellen können. Während die Menschheit gemeinsam auf den verschiedenen Wegen des Verstehens, des Erforschens und der Freude voran geht, lasst uns einander die Hände reichen und in Einheit zusammenwirken. Die Möglichkeiten sind unzählig und dem, was wir erreichen können, sind keine Grenzen gesetzt.

Wir hoffen, dass ihr *Die Smaragdtafeln für die Neue Zeit* durch und durch genießt und es zulasst, dass sie als Katalysator für neues Wachstum und Bewusstsein für die gesamte Welt wirken. Lest dieses Buch mehrmals, denn die Wahrheiten, die es enthält, werden mit jedem Mal klarer.

Für die Leser

Bei der Bearbeitung der *Smaragdtafeln von Thoth dem Atlanter* haben Thoth und Ashalyn den Text in seiner ursprünglichen Strophenform belassen und den ursprünglichen Inhalt nur geringfügig verändert. Wir modernisierten die Sprache – strichen z.B.

thy und thine heraus *(altertümlich für du und dein, A.d.Übers.)* und formulierten bestimmte Sätze neu, so dass sie von dem Menschen des 21. Jahrhunderts besser verstanden werden können. An einigen wenigen Stellen war der Text schwer zu verstehen, daher erläuterten wir diese. Der Text empfindet nun nach, was ursprünglich in den Smaragdtafeln ausgesagt wurde. Thoth weiß am besten, was dies ist.

Die einleitenden und beschließenden Kapitel sowie die Einführungen in die einzelnen Kapitel wurden alle von Thoth durch Ashalyn geschrieben. Das Stichwortverzeichnis wurde ebenfalls von uns beiden gemeinsam verfasst, um ungewöhnliche Ausdrücke zu erklären. *Über Ashalyn, Über Doreal* und Kapitel 21 *Erfahrungen mit den Smaragdtafeln* wurden von Ashalyn geschrieben.

Vorwort

Diese uralte Weisheit wird euch in etwas anderer Form als zuvor dargeboten. Viele von denjenigen, die die *Smaragdtafeln von Thoth dem Atlanter* in der Vergangenheit gelesen haben, befolgten die dort gegebenen Anweisungen und erlangten schließlich Einlass in die Hallen von Amenti und in Orte, die große Weisheit bargen. Manche spotteten über die Dreistigkeit der ganzen Idee, wendeten sich ab und kehrten niemals zurück, um weitere Fragen zu stellen. Ich, Thoth, lade dich ein, erneut durch diese Seiten zu schlendern – oder vielleicht zum ersten Mal – und auf die Antwort deines Herzens zu hören. Nur du allein weißt, was das Beste für dich ist. Werde dir darüber klar und bleib dir selbst treu, während wir zusammen den Pfad des Verstehens gehen.

Da der Maya-Kalender am 21. Dezember 2012 endet, lade ich euch ein, all das anzunehmen, was ihr seid, was ihr wisst und alles, was ihr bald sein werdet. Es gibt keinen Grund, dieses Datum zu fürchten. Tatsächlich wäre es klug, euch für diese Zeit vorzubereiten, indem ihr alles, was ihr nur könnt, über euer wahres Selbst und die Welt, in der ihr jetzt lebt, lernt. Öffnet euer Herz und begrüßt die großartige Vielfalt auf diesem Planeten und darüber hinaus. Die Zeiten, die vor uns liegen, sind voll von Neuem noch nicht Bekanntem und bieten große Möglichkeiten, euch selbst und die Welt um euch zu verstehen.

Um das richtig zu verstehen, muss man in allen Aspekten des Lebens bewusster werden. Liebende und mitfühlende Menschen, die den Frieden im Herzen tragen, sind großartige Gefährten, tolle Geschäftspartner, ehrliche Politiker und wunderbare Menschen. Sowie wir alle uns bemühen, beispielhaft für diese Qualitäten auf unserer Suche nach Wahrheit zu sein, wird das Leben weniger schwierig und mehr synchron. Bitte nehmt euch die Zeit, über den Wert der im folgenden aufgelisteten Begriffe nachzudenken und sie als sehr wichtigen Aspekt eurer spirituellen Reise anzunehmen.

- Der Seelenfriede ist unglaublich wertvoll, wenn man danach strebt, die Wahrheit zu finden. Ist jemand aufgebracht, gibt es Verzerrungen in seinem Urteilsvermögen.

- Demut ist eine Eigenschaft, die die Herzen vieler gewinnt. Jedoch macht zu viel Demut es euch schwer, aufrecht in eurer Kraft zu stehen.

- Ein feines Gespür für richtig und falsch muss im Gleichgewicht mit dem Wunsch stehen, zu wissen, was das Beste für jeden Beteiligten ist. Seid flexibel, wenn die Menschheit von einem Paradigma ins nächste geht.

- Es muss in Erwägung gezogen werden, den Status Quo anzuzweifeln. Wenn die Tatsache, dass ihr an die Wahrheit glaubt, euch anders und unerwünscht macht für euresgleichen, solltet ihr eure Freundschaften neu überdenken.

- Leichtfertiges Geplapper im Kopf hält euch davon ab, euch zu konzentrieren und verwirrt und führt die Menschheit in die Irre. Der Seelenfriede ist bei Geplapper im Kopf weitaus schwerer zu erreichen.

- Um das höchste Niveau an Verständnis zu erreichen, braucht es permanente Konzentration und fortgesetztes Bemühen. Seid nicht entmutigt, wenn euch die Wahrheit zeitweise entgleitet.

- Märtyrertum hat beim Streben nach Wahrheit keinen Platz. Gebt euch selbst das, was euch gesund und glücklich macht. Sein Leben "für die Sache" hinzugeben sollte unter allen Umständen vermieden werden.

- Achtet, ehrt und und sorgt für die Erde und all die Reiche, die auf ihr leben, denn sie können euer Support-Team und eure Freunde werden.

- Viele Kinder haben sehr fortgeschrittene Zell-erinnerungen an vergangene Lebenssituationen. Hört ihren neuen Ideen und Vorschlägen aufmerksam zu, wenn sie ihre Weisheit mit uns teilen.

- Wir sind alle an dem selben Lernprozess beteiligt. Urteilt nicht, kategorisiert euch nicht und seht euch nicht als getrennt von anderen. Wir sind wahrlich eins. Wenn ihr einem anderen helft, helft ihr auch euch selbst.

- Werdet euch der zyklischen Natur aller Dinge bewusst. Beobachtet diese Zyklen, weil sie euch mehr über eure tiefe Verbindung zum Planeten Erde und eure Verbindung zueinander lehren können.

- Kinder lachen und spielen, weil es Spaß macht. Bittet sie, es euch beizubringen.

- Eltern müssen sich daran erinnern, dass sie die Kinder, die vorübergehend in ihre Obhut gegeben worden sind, lieben, nähren und unterstützen.

- Es braucht Disziplin, um bei der Sache zu bleiben und um ein ausgeglichenes Leben zu führen. Es ist nicht als Strafe anzusehen, sondern als ein Weg, seine Ziele zu erreichen. Bemüht euch und ihr werdet vortrefflich sein. Trainiert regelmäßig für einen schlanken und vitalen Körper. Nehmt gesunde Nahrung zu euch für eine gute Gesundheit.

- Die Bestrafung sollte dem begangenen Vergehen entsprechen. Jemanden in irgendeiner Weise zu schlagen oder zu quälen, schafft nur einen Zustand der Angst beim Opfer und Feindschaft, die möglicherweise in der Zukunft gegen ein anderes Opfer gerichtet werden kann. Unangemessene Bestrafung ist in der Tat ein Teufelskreis.

Die Bewusstwerdung ist eine Verpflichtung, die nicht auf die leichte Schulter genommen werden sollte. Sie beinhaltet das Herbeiführen von Veränderungen so gut ihr es könnt sowie das Streben nach Vortrefflichkeit und Unfehlbarkeit. Wenn ihr diese Verantwortung überdenkt, werdet ihr euch vielleicht fragen: "Ich bin nur einer unter Milliarden, welche Veränderung könnte ich schon herbeiführen?" Vielleicht wird die folgende Geschichte euch helfen, diese Frage zu beantworten.

Weber beginnen ihre Arbeit mit einem kleinen Faden auf ihrem Webstuhl, der neben einem anderen und wieder einem anderen angebracht wird. Wenn mehr und mehr Fäden sich zu der laufenden "Symphonie" hinzugesellen, beginnt ein schönes Muster auf der ausgedehnten Fläche des Webstuhles Formen anzunehmen. Jeder Faden wird neben anderen Fäden verwoben, und zusammen erschaffen sie ein großes Meisterwerk, genannt Teppich oder Tuch. Dieser Teppich oder dieses Tuch kann nun für einen hohen Preis an jemanden verkauft werden, der seinen Wert zu schätzen weiß. Auch die Menschen erschaffen einen "Teppich von großem Wert" mit jedem Schritt, den sie auf diesem Planeten gehen. Jeder einzelne "Lebensfaden" ist ein wichtiger Bestandteil bei der Erschaffung des ganzen Teppichs oder des vollständigen Bildes.

Wenn wir alle so gut wir können zusammenarbeiten, können wir so viel mehr erreichen. Teamarbeit ohne Wettbewerb und Gier erlaubt es jedem Einzelnen, sich als wertvolles, wichtiges Mitglied des Teams zu fühlen, das Erfahrungen von hoher Qualität für jeden Beteiligten erschafft. Am Ende ist der Wert des Ganzen ein Spiegelbild all seiner einzelnen Teile ungeachtet ihrer Größe. Also, als dieser äußerst wichtige "einzelne Lebensfaden", der du bist, kannst du ehrlich sagen, dass du dein Bestes zu dieser Welt, in der du lebst, beiträgst? Wenn du einer von denen bist, die nicht ihr Bestes geben, dann liegt es an dir, die nötigen Veränderungen vorzunehmen. Nur du kannst die Hand nach Hilfe ausstrecken und verkünden: "Ich bin bereit für Veränderung. Bitte helft mir, daran zu arbeiten."

Ich, Thoth, weiß, dass viele von euch bereit sind für Veränderung. Ich sehe, wie es in euren Gedanken, in euren Herzen und euren Seelen arbeitet, wenn ihr auf einem Planeten, der am Rande der Zerstörung steht, nach dieser Veränderung ruft. Ja, die Verwalter dieses Planeten (ihr) haben es nicht geschafft, ihre Aufgabe richtig auszuführen. Die Erde ist sehr, sehr nahe daran, so katastrophal verwundet zu werden wie damals zur Zeit von Atlantis. Es ist meine Hoffnung, dieses um jeden Preis zu verhindern und die Menschheit wieder auf den Kurs zu bringen, diesen wunderschönen, friedlichen Planeten zu erschaffen, den man sich einst erhofft hatte.

Und noch einen Gedanken bitte ich euch zu berücksichtigen. Jeder Einzelne von euch ist ein grenzenloses, vielfältiges Lichtwesen, das sich entschlossen hat, zu dieser Zeit einen physischen Körper zu bewohnen. Viele von euch haben vergessen, dass sie unglaublich geniale Wesen sind, die EINS mit Allem-Was-Ist sind. Ihr seid *nicht* getrennt von dieser Einheit und seid es nie gewesen. Ihr habt einfach eure wahre Identität vergessen. Ihr habt euch auch erlaubt, euch im "menschlichen Drama" zu verlieren, das euch entmachtet hat und eure Aufmerksamkeit auf Dinge gelenkt hat, die von keiner großen Wichtigkeit sind. Unwissenheit ist keine Glückseligkeit.

Jetzt ist es an der Zeit, dass ihr euch daran erinnert, was bedeutsam ist. Was ist euer Zweck hier auf der Erde? Welche einzigartigen Gaben und Talente habt ihr, die ihr einbringen könnt? Wie könnt ihr heute eine positive Veränderung herbeiführen? Kann das Lesen der *Smaragdtafeln für die Neue Zeit* helfen, etwas zu bewegen? Achtet darauf, dass ihr diese Fragen aus der Tiefe eures Herzens beantwortet.

Versteht ihr die Wahrheit meiner Worte? Versteht ihr meine Bedenken? Habt ihr den Mut, alles das zu sein, das ihr nur sein könnt? Glaubt ihr an Wunder? Seid ihr bereit, den nächsten Schritt vorwärts zu gehen? Wenn ja, dann können wir zusammen daran arbeiten, Ordnung in das Chaos zu bringen, Liebe und Respekt zurückzubringen, und tief in euren Herzen nach dem schöpferischen Samen im Innern zu graben. Zusammen können wir die Rückkehr von Frieden, Liebe und Freude auf dem Planeten Erde begrüßen.

Thoth, der Atlanter, stellt sich vor

In diesem Buch wird euch Vieles, das bislang noch nicht bekannt war, offenbart werden. Denkt immer daran, dass ihr eure innere Führung nutzt um herauszufinden, ob diese Informationen für euch die Schwingung der Wahrheit haben. Das ist der beste Weg um abzuwägen, was für euch wahr ist oder nicht. Es ist nicht besonders klug, den Worten eines anderen zu vertrauen, ohne zuvor eure innere Führung zu befragen. Was gut oder wahr für einen anderen Menschen klingt, mag nicht von der Ebene der Wahrheit kommen, die du gerade suchst. *Du* musst die endgültige Entscheidung darüber treffen, was du Wahrheit nennen und wie du dein Leben führen willst.

Viele der in der Vergangenheit der Menschheit mitgeteilten Informationen waren nicht wahr. Viel Wahrheit ist noch verborgen. Jetzt ist es mehr denn je an der Zeit, dass die Wahrheit jedem, der dafür bereit ist, übergeben wird. Deshalb laden wir euch ein, mit uns auf diese Reise zu gehen, wenn wir euch das offenbaren, was wir als Wahrheit kennen.

Jetzt werdet ihr vielleicht fragen, wer ist denn nun Thoth, der Atlanter? Viele historische Dokumente haben mich als einen Gott eingestuft – jemand, der über die menschlichen Gefilde mit größeren Fähigkeiten und größerem Wissen herrscht als Menschen. Diese Mutmaßung ist nicht korrekt. Wenn ich ein Gott bin, dann bist auch du ein Gott, denn wir sind aus derselben Substanz gemacht. Der Glaube, dass Gott uneingeschränkt herrscht, ist von vielen missverstanden worden. Seine Macht einem unbekannten höchsten Individuum zu übergeben, ist niemals eine gute Idee. Ja, es gibt eine Kraft, die "das Universum zusammenhält" und die in den Zellen aller fühlenden Wesen lebt. Diese "Kraft" wird durchgehend in diesem Buch als "Alles-Was-Ist" bezeichnet und sie verlangt nichts von dir.

Aufgrund des Wissens und der Weisheit, die ich, Thoth, mir über viele Jahre des Studiums und des Forschens hinweg angeeignet habe, habe ich in der Tat Fähigkeiten und Kräfte, die viele Menschen noch nicht gemeistert haben. Jedoch könnt auch ihr in meine Fußstapfen treten, wenn ihr wollt, und noch viel mehr über eure noch unbekannten Fähigkeiten erfahren.

Die Erschaffung des Planeten Erde war und ist weiterhin ein großartiges, prächtiges Werk. Viele einzelne Wesen, gut ausgebildet in ihren jeweiligen Fachgebieten, waren daran beteiligt. Dieses schöpferische Unternehmen war wie ein magischer Tanz, der einen Anfang, einen Mittelteil und ein Ende hat, denn für ein solch großartiges Werk muss ein spezieller Ablauf eingehalten werden. Viele von euch, die diesen Text lesen, gehörten zu diesen ursprünglichen Schöpfern des Planeten Erde. Ihr seid unter denen, die besonders besorgt sind um das Wohlergehen der Erde, denn ihr wollt nicht zusehen, wie unsere großartige Schöpfung zerstört wird.

Weil ich, Thoth, ein unsterbliches Wesen bin, das den Tod überwunden hat, gehe ich nur von einer Form in eine andere, wenn ich es will und selbst dann nicht durch das Tor des Todes. Auf meinen Reisen durch die Ewigkeit habe ich viele Formen angenommen, je nachdem, wohin mich meine Reise geführt hat. Tatsächlich dient unsere Form nur einem kurzen Zweck, der im direkten Verhältnis zu der Reise steht, auf der wir uns zu einem bestimmten Zeitpunkt befinden. Die Formlosigkeit beschreibt am besten unsere wahre Daseinsform.

Wir sind eins mit Allem-Was-Ist, und das umfasst die gesamte molekulare Struktur allen kosmischen Daseins. Diese Formlosigkeit würde sich schwer auf ein Foto bannen lassen, daher wird meine Form für dich unsichtbar bleiben bis auch du eins geworden bist mit der molekularen Struktur unseres galaktischen Daseins. Dann können wir zusammen in strahlender kosmischer Glückseligkeit tanzen. Von Zeit zu Zeit bin ich Ashalyn in ihren Meditationen erschienen, entweder in einem grünen, bodenlangen Kapuzenumhang oder als goldenes strahlendes Lichtwesen. Sie erkennt mich an meiner Essenz, nicht an meinen physischen Merkmalen.

Damit ihr mehr über mich versteht, möchte ich klarstellen, dass ich kein Ibis und kein Pavian bin; und ich bin auch nicht der Autor der Smaragdtafeln. Auch bin ich nicht Hermes, wie es so oft in alten Dokumenten zu lesen ist. Ich war der *Lehrer* von Hermes, während ich nicht inkarniert und er in physischer Form war, nicht Hermes selbst – genauso wie ich jetzt dein Lehrer sein kann. Die

Smaragdtafeln waren über mich, meine Erfahrungen und meine mir eigene Fähigkeit, Weisheit zu erlangen, geschrieben worden. Sie wurden von denen geschrieben, die - viel weiser als ich - die Beobachter von allem sind, was in jedem Moment von Zeit und Nicht-Zeit geschieht. Ich nenne sie "Die Anderen". Ich wurde gebeten, die *Brücke* für diese göttliche Weisheit zu sein, damit sie sich auf dem Planeten Erde manifestieren kann, um die Menschheit an ihr vergessenes Wissen zu erinnern, so dass sie Zugang zu mehr Weisheit und Macht erlangen kann.

Die Geschichte, die auf den zwölf Smaragdtafeln erzählt wird, begann, als ich in physischer Form in Atlantis war. Nach der Zerstörung von Atlantis, das war so um das Jahr 32.000 vor Christus, ging ich nach Khem (das alte Ägypten), wo die Geschichte weitergeht. Die Tafeln erzählen auch von meinen Reisen in die Hallen von Amenti und wieder zurück in vielen Tausend Jahren. Die Hallen von Amenti sind ein großartiger Ort des Lernens und der Erneuerung tief unter der Erdkruste, wo die kalte Blume des Lichtes brennt. In den Legenden waren die Hallen von Amenti als die Unterwelt bekannt, wo die Seele nach dem Tod hinging, damit über sie gerichtet wurde. Das ist nicht korrekt.

Ich genoss mein Leben in Atlantis voll und ganz. Zu dieser Zeit war es nicht ungewöhnlich für die normale Bevölkerung, bis zu 5000 Jahre alt zu werden. Damals war es mein Wunsch, alles über die Erde und darüber hinaus zu lernen, was ich konnte. Als ich an Ansehen und Weisheit zunahm, übertrug mir mein Vater, Thotme, seine Position als Priester-König der Insel Undal in der Stadt Keor. Diese Position hatte ich dann für fast 14.000 Jahre inne. So gelehrt wie das auch klingen mag, ich genoss diesen Ruf über alle Maßen. Meine Geisteshaltung war immer die eines Aufsehers – jemand der mit Leichtigkeit das, was im Inneren von allem was um ihn herum war und geschah, beobachtete. Sogar schon zu dieser Zeit überstieg der Umfang meines Verständnisses bei weitem die physische Ebene. Ich hatte Vieles über den Planeten Erde erforscht, über ihn hinaus und über das, was in seinem Inneren ist, und dabei viel Wissen erlangt, das ich gerne mit dir teilen möchte. Wohin geht deine Aufmerksamkeit, wenn ich dir eine solche Möglichkeit anbiete? Wenn du deine Ohren spitzt und dein Herz sagt: "Wann geht's los?" könnte es sein, dass du einer meiner Meisterschüler bist. Lies dieses Buch mit Textmarker und Stift und du wirst in höchstem Maße in der Kunst, Alles-Was-Ist zu verstehen, ausgebildet.

Ashalyn hatte mehrere Inkarnationen in Atlantis wie auch im alten Lemurien. Sie war hoch angesehen in Atlantis und spielte eine bedeutende Rolle im Leben der Menschen dort. Sie war freundlich, großzügig, intelligent und sehr bewandert auf dem wissenschaftlichen Stand der Zeit. Sie vertrat sehr lange die Ansicht, dass es vollkommen unnötig, ja barbarisch wäre, andere Völker zu erobern – eine Ansicht, die sie bis zum heutigen Tag vertritt. Sie merkt nicht, wie gut ich sie kenne. Tatsächlich gab es nicht viel in Atlantis, von dem ich nicht zu irgendeiner Zeit erfuhr. Atlantis war eine sehr fortgeschrittene Zivilisation, die von etwa 50.000 bis 32.000 vor Christus existierte. Ich werde seine Pracht und Herrlichkeit nie vergessen. Es gab jedoch einige wenige mächtige Menschen, die die vollständige Kontrolle über Atlantis anstrebten. Letztendlich schafften sie es, indem sie ihre Macht so benutzten, dass sie das Universale Gesetz störten. Das hatte eine solche Verwüstung und ein solches Ungleichgewicht zur Folge, dass die Inseln von Atlantis an einem tragischen Tag und in einer Nacht versanken. Ein Ort von solch bemerkenswerter Schönheit wurde dadurch fortgeschwemmt, etwas, das noch heute seinesgleichen sucht.

Dieses skrupellose Vorgehen blieb nicht unbemerkt. Die Ältesten von Atlantis wussten, dass ein solch tragisches Ereignis im Bereich des Möglichen lag. Der Resident von Undal sagte mir, dass ich – sollte die Tragödie eintreten – mit den heiligen Schriften von Atlantis und den Menschen meines Vertrauens auf den höchsten Berg der Insel Undal steigen sollte. Genau das tat ich, als die Inseln im Meer versanken. Von dort flogen wir in einem Raumschiff zu einem Ort namens Khem, der später Ägypten genannt wurde. Die Bewohner dort lebten in Höhlen. Sie verfolgten uns zornig mit Knüppeln und Speeren. Ich beeindruckte sie mit meiner Magie und gewann ihr Vertrauen. Zusammen machten wir ihr Land wieder zu einer Oase großer Schönheit. Auch dort war ich dann Priester-König, von ca. 32.000 – 22.000 vor Christus und teilte alte Weisheit und altes Wissen mit ihnen, wie ich es einst in Atlantis getan hatte.

Während der ersten Tausend Jahre meiner Regentschaft in Khem baute ich die Große Pyramide, die dann fälschlicherweise dem ägyptischen Pharao Khufu zugeschrieben wurde. Die Pyramide wurde um das Jahr 29.600 vor Christus fertiggestellt. Man muss verstehen, dass die Große Pyramide von Ägypten ein Tempel der Einweihung war und ist, und kein Grab. Einst gab es dort auch eine große Oase. Unter der Pyramide sprengte ich den Eingang in die großen Hallen von Amenti heraus, ein Ort, den ich oft besuchte.

Die Sphinx wurde ebenfalls in dieser Zeit erbaut, aber nicht unter meiner Führung. Die Wesenheiten der Inneren Erde waren die Architekten, die sie bauten, indem sie Klangfrequenzen verwendeten. Als die Pyramide halbfertig war, begann die Arbeit an der Sphinx, die erst um das Jahr 29.500 fertiggestellt wurde. Damit die Pyramide richtig funktionieren konnte, wurde die elektromagnetische Verbindung benötigt, die von der Sphinx kam. Die Sphinx war und ist ein sehr kraftvolles Zentrum auf der Erde, das uns ebenfalls auf unser Galaktisches Zentrum ausrichtet. Die ursprüngliche Schaltung ist schon lange unterbrochen und wird erst wiederhergestellt werden, wenn die Menschheit auf ihre galaktische Quelle ausgerichtet ist und wir wieder in Frieden auf Erden leben können.

Die Sphinx war zu Ehren einer Göttin erbaut worden, die zu jener Zeit sehr verehrt wurde. Ihr Name war Sakamaba. Sie war und ist die Hüterin der vielen heiligen Pyramidenbauten, die auf der ganzen Welt errichtet wurden. Sie beschützte sie nicht nur, sondern war die Verbindung in deren energetischer Schaltung, welche durch ihre Anwesenheit auf den vielen Kraftpunkten der

Erde geschaffen wurde. An diesem besonderen Ort in Ägypten wurde durch die Anwesenheit der Göttin viel Energie miteinander verbunden. Jede einzelne Pyramide, die je in den alten Zeiten erbaut wurde, war mit ihrer (der Göttin, Anm. d. Ü.) Struktur verbunden und stellte so ein Kraftfeld her, das sogar denen zugänglich war, die nicht auf diesem Planeten lebten. Diese Schaltung wurde durch Mangel an Verständnis und Nachlässigkeit unterbrochen, was auf den Zustand der Erde von Chaos und Ungleichgewicht zurückzuführen ist.

Als die Zeit für mich kam, Khem zu verlassen, brachte ich meine heiligen Schriften in die Große Pyramide und bestellte Wachen aus meinen vertrauenswürdigsten Leuten, um diese zu schützen. Später hüteten ihre Nachkommen die Schriften, die ebenfalls Priester und Priesterinnen der Pyramiden waren. Um das Jahr 22.000 vor Christus, als meine Regentschaft in Khem zu Ende war, kehrte ich wieder in die Hallen von Amenti zurück.

Nicht lange, nachdem ich in die Hallen zurückgekehrt war, begannen einige der Bewohner von Khem, sich – ähnlich wie in Atlantis - außerhalb der Grenzen des Universalen Gesetzes zu bewegen, und eine Zeit großer Dunkelheit kam über das Land. Diese Situation war ein wenig anders als es in Atlantis gewesen war, resultierte aber dennoch aus der Veränderung des hohen Niveaus der Integrität, unter dem die Menschen einst lebten. Die Bewohner von Khem hatten ihren ursprünglichen Wunsch verloren, ein Leben basierend auf dem Wissen und der Weisheit zu führen, die ich ihnen einst gab. Die Erinnerung des Menschen an seine göttliche Herkunft begann schon wieder zu wanken und das Leben wurde ziemlich schwierig.

Kurz danach wurden mir die Smaragdtafeln von den Anderen übergeben, weise Wesenheiten, die im Großen Jenseits wohnen. Auf den Smaragdtafeln war die wahre Geschichte meines Lebens, meiner Lehren und meiner Reisen auf diesem Planeten und darüber hinaus festgehalten. Zu diesem Zeitpunkt wurde ich gebeten, die Smaragdtafeln den Tempelpriestern in Khem zu übergeben, in der Hoffnung, dass man so verhindern kann, dass die Menschen ihren göttlichen Ursprung vollständig vergessen. Diese kraftvolle Schrift wurde nur von den Priestern und ihren Eingeweihten erkannt, die dann ihrerseits den Menschen diese Wahrheiten lehrten. Dieses Wissen half den Menschen von Khem letztendlich, sich an ihr göttliches Erbe zu erinnern.

Viele Tausend Jahre später kam es in Khem erneut zu Turbulenzen. Um 12.000 vor Christus herum wurden einige der dortigen Priester in andere Teile der Welt gesandt. Zu dieser Zeit wurden die Smaragdtafeln und andere heilige Schriften von ihnen auf die Halbinsel Yucatan in Zentralamerika gebracht. Dort fanden die Priester eine florierende Rasse vor, die Maya, die sich noch an Vieles der alten Weisheit erinnerten, die sie von ihren atlantischen Brüdern und Schwestern gelernt hatten. Die Priester entschieden sich, bei ihnen zu bleiben. Viele Jahre später, Anfang des 16. Jahrhunderts, eroberten die Spanier die Maya und übernahmen ihr Land. Zu ihrem Schutz wurden die Smaragdtafeln und viele andere heilige Gegenstände unter den Altar einer der großen Tempel der Sonne auf der Yucatan-Halbinsel gebracht. Die Stadt dort wurde zerstört und schließlich verlassen. Die vielen Schätze, die in den Tempeln versteckt wurden, verblieben in Sicherheit, waren aber für eine lange Zeit vergessen.

Einige Hundert Jahre später wurde Dr. Maurice Doreal gebeten, die zwölf Smaragdtafeln aus ihrem alten Versteck im Tempel der Sonne zu bergen. Doreal entdeckte sie schließlich in ihrem Versteck der Maya. Er übersetzte und veröffentlichte sie im Jahre 1939 als *Die Smaragdtafeln von Thoth dem Atlanter.* Das Buch wurde unter denjenigen, die auf der Suche nach der alten Wahrheit waren, sehr populär und wurde mehrmals neu herausgegeben.

Ashalyn und ich bieten euch nun die aktualisierte Ausgabe dieses Buches an, das jetzt *Die Smaragdtafeln für die Neue Zeit* heißt. Sei dir darüber im Klaren, dass es dich an viele weitreichende Denkweisen heranführen wird. Ob du es nun glaubst oder nicht, die Schwingung dieses Textes wird deine Seele zu längst vergessenen Wahrheiten erwecken. Dieses Buch sollte mehrmals gelesen werden, weil nur dann die wahre Bedeutung erfasst werden kann. Ein beiläufiges Lesen wird dir nur einen flüchtigen Eindruck seiner Schönheit vermitteln. Ein tieferes Einsteigen wird dir noch viel mehr Weisheit eröffnen.

Möge die Neugier dich zu Vortrefflichkeit führen.

Thoth der Atlanter

Ashalyn stellt sich vor

Im Jahre 1968 begann ich, Ashalyn, nach einer weiteren Sichtweise des Universums zu suchen. Als Mormonin aufgewachsen und erzogen, waren mir diese Überzeugungen für meine gegenwärtige Sichtweise der Realität zu begrenzt geworden. Ich machte das Verstehen der Gefilde des Geistes zu meiner Aufgabe, schloss die Tür zum Mormonentum und begann viele Bücher zu lesen. Meine allererste Berührung mit Thoth hatte ich im Jahre 1972, als ich von einer Freundin, die sich sehr für seine Arbeit interessierte, lernte, Tarot-Karten zu legen. Mein Hauptinteresse bestand darin zu lernen, wie man Tarot-Karten legt, und nicht darin, mehr über Thoth zu erfahren, so blieb er über viele Jahre eine interessante Persönlichkeit für mich, aber nicht mehr.

1974 besuchte ich einen einjährigen Kurs über Geistheilen und Hellsehen und begann dort nach meinem Abschluss zu unterrichten. Damit begann eine neue berufliche Entwicklung für mich. 1980 lehrte mich Josephine Taylor das mediale Schreiben mit den Aufgestiegenen Meistern. Sie erklärte mir: "Erhöhe deine Schwingungsfrequenz, so dass sie sich an die der Meister angleicht. Schreibe dann den Namen des Meisters auf ein Papier. Erkläre deine Absicht, konzentriere dich und rufe dann diesen Meister herbei. Sei geduldig, höre und vertraue der Botschaft (den Botschaften), während sie beginnen, durch dich zu fließen.

Schreibe sie Wort für Wort auf. Interpretiere und analysiere nicht. Wenn es eine lange Sitzung ist, stelle sicher, dass deine Frequenz hoch und deine Verbindung mit dem Meister weiterhin klar bleibt." Das ist eine sehr einfache, kraftvolle Lehre und genau die, die ich verwendet habe, um dieses Buch zu schreiben.

Abgesehen vom Schreiben mit den Aufgestiegenen Meistern, begann ich mit vielen verschiedenen Geistwesen zu schreiben, einschließlich der Geistführer und Höheren Selbste meiner Klienten, der Engel, Erzengel, Naturgeister, Feen und jeglicher Geistwesen, die eine Botschaft für mich hatten und sie auch zu channeln. In meinem früheren Kurs, in dem es um das Training der Hellsichtigkeit ging, wurde ich vor den Gefahren gewarnt, die entstehen können, wenn man Kontakt hat zu Geistwesen aus der Astralebene oder der vierten Dimension. Dort sind die Scharlatane – Poltergeister, Dämonen und viele unentwickelte, entkörperte Geister, die meinen zu wissen, worüber sie sprechen, es in Wirklichkeit aber nicht tun.

Die Astralebene wird oft von untrainierten Hellsehern betreten und unbewusst offenen Menschen, die ahnungslos auf diese Bewusstseinsebene stolpern. Psychiatrische Anstalten sind voll mit Menschen, die lästige Besucher aus der Astralebene haben und nicht wissen, wie man solche Kontakte beherrscht. Daher gib acht, dass du, wenn du in den inneren Ebenen unterwegs bist, nur mit Geistwesen, die höchstes Licht sind, kommunizierst.

1996 machte ich mich selbstständig mit Mt. Shasta Sacred Site Treks *(geführte Touren an heilige Stätten am Mount Shasta, Anm.d.Übers.)*. Ich führte Besucher aus aller Welt an heilige Stätten und Kraftorte in der Region des Mount Shasta, der sich weit im Norden Kaliforniens befindet. Ich kombinierte meine Heilarbeit mit meinen Touren und half den Menschen, sich mit dem spirituellen Energiezentrum vom Mount Shasta und der Heilkraft der Natur zu verbinden. 1998 wurde ich staatlich anerkannte Hypnotherapeutin, was meine Heilfähigkeiten und meine Transformationsreisen, die ich zum Berg unternahm, noch erweiterte.

2003 vergrößerte ich mein Ausflugsgeschäft und änderte seinen Namen in *Shasta Vortex Adventures* um. Ich begann, Menschen zu unterrichten, wie man channelt, sowohl als Tieftrancemedium als auch als bewusste Kanäle, so wie ich einer bin. Ich bot ebenfalls individuelle Kurse für Intuitionstraining und für das Durchführen von Readings für andere Menschen an. Die Mt. Shasta Sacred Site Treks und die Guided Vision Quests (geführte Visionssuchen) unternahm ich weiterhin. Ich habe viele Hundert geführte Meditationen und multidimensionale Reisen auf diesen Ausflügen angeleitet, und betrat dabei oft das spirituelle Zentrum der Aufgestiegenen Meister im Inneren des Mount Shasta. In jeder Meditation gibt es eine stille Zeit, in der wir auf unsere eigenen individuellen Reisen gehen können.

Es war während einer dieser "stillen Zeiten" im Jahre 2007, als ich Thoth, den Atlanter traf. Er erschien dann weiterhin als mein

Führer im spirituellen Zentrum der Aufgestiegenen Meister. Er bat mich, "die *Smaragdtafeln* umzuarbeiten, damit sie mehr Menschen denn je zugänglich würden". Ich hatte schon zuvor in meinen diversen Ausbildungen von den *Smaragdtafeln* gehört und sie kurz durchgeblättert. Ich wusste, dass sie sehr alte und kraftvolle Weisheit enthielten und hohes Ansehen genossen. Daher stimmt ich zu, sein Anliegen zumindest in Erwägung zu ziehen. Als eifrige Schriftstellerin, Herausgeberin und Channelmedium war ich selbstverständlich fähig, ein Buch zu schreiben, aber die *Smaragdtafeln*? Ich konnte mir überhaupt nicht vorstellen, wie Thoth auf mich gekommen war. Was für eine immense Verantwortung!

Thoth erschien immer wieder in meinen Meditationen auf dem Berg und erinnerte mich an sein ursprüngliches Anliegen, die *Smaragdtafeln* neu zu schreiben. "Nicht jetzt," pflegte ich zu antworten. "Das ist jetzt meine Hauptsaison. Können wir später darüber sprechen?" Ich war sehr damit beschäftigt, mein eigenes Geschäft zu führen und gar nicht sicher, wie ich das in mein alltägliches, an sich schon sehr ausgelastetes Leben einfügen sollte. Je mehr ich über das Projekt nachdachte, desto mehr stellte ich mich selbst in Frage. Schließlich entschloss ich mich, die *Smaragdtafeln* aus dem Internet herunterzuladen und erneut zu lesen. Ich verbrachte lange Stunden damit, sie durchzulesen und letztendlich begann ich, sie mit Thoths Hilfe zu editieren. Ich war immer noch nicht davon überzeugt, dass das das richtige Projekt für mich war.

Die ganze Zeit über gingen Fragen durch meinen Kopf wie, "Ist das wirklich Thoth, der da mit mir spricht? Was werden die Leute denken? Wird es die Glaubwürdigkeit meiner anderen Arbeit beeinträchtigen? Wer glaubst du, dass du bist, dieses überarbeitete alte Dokument der ganzen Welt zu präsentieren?" Visionen von Größenwahn suchten mein kleineres Selbst heim, bis meine Verwirrung und meine Gefühle von Unzulänglichkeit, von denen ich geglaubt hatte, ich hätte sie schon geheilt, mir dabei halfen, die Wichtigkeit des Projektes zu ignorieren. So ließ ich die schon teilweise editierten *Smaragdtafeln* noch eine Weile länger auf meiner Festplatte schmoren.

In der Zwischenzeit waren meine Praxis für schamanische Hypnotherapie und meine geführten Touren auf den Mount Shasta sehr beliebt – Leidenschaften, die mir sehr ans Herz gewachsen waren. Das Leben war schön, erfüllend und sehr geschäftig, während ich ernsthafte Sucher aus aller Welt entlang ihrem Weg des Erwachens geleitete. Im August 2010 wurde ich wieder einmal an das Potenzial und die Wichtigkeit der *Smaragdtafeln* erinnert, diesmal von Kunden, die mit mir auf einer Tour zu den heiligen Stätten waren. Thoth erschien mir wieder an diesem Tag. Als ich ihnen meine Erfahrung mitteilte, ermutigten sie mich begeistert, seinem Anliegen nachzukommen. An diesem Tag kam meine Begeisterung für dieses Projekt wieder zum Vorschein und ich verpflichtete mich endgültig dazu, die *Smaragdtafeln* mit Thoth neu zu schreiben. Es wurde Zeit, dass dieses Buch veröffentlicht wurde!

Ich hatte begonnen, all meinen Kunden zu sagen, dass es nun an der Zeit sei, von der Verehrung der Meister überzugehen zur Anerkennung des eigenen inneren Meisters. Ich hatte es wohl nötig, genau diese Botschaft selbst zu hören. Ich begann, meine kosmische Verbindung mit Thoth zu erforschen und war mehr als glücklich, bis auf weiteres seine Sprecherin in der dritten Dimension zu sein. Ich wollte der bestmögliche Kanal sein. "Wenn ich dieses Projekt annehme, muss das Ergebnis tadellos sein", sagte ich mir. Schließlich befragte ich Thoth über unsere Seelenverbindung. Er sagte: "Ich bin ein sehr lieber Freund aus vergangenen Zeiten, der zurückgekehrt ist, um zu beenden, wozu wir uns einst bereit erklärt haben."

Mit diesem Ziel vor Augen schafften Thoth und ich eine klare telepathische Kommunikationsverbindung zwischen uns beiden. Unser Ziel ist es sicherzustellen, dass die Botschaften, die ich erhalte, so nahe an 100%-iger Richtigkeit sind, wie nur irgend möglich. Erdung, Zentrierung, in sich Ruhen, in Neutralität sein und mit der richtigen Absicht und Schwingungsfrequenz, das alles hilft, eine gewisse Resonanz zu schaffen, die ich erkenne und mit der ich mich wohl fühle. In diesem besonderen Seinszustand kann ich der Information, die ich erhalte, trauen. Es war immer schon meine Absicht, nur das zu veröffentlichen, das der höchsten Wahrheit entspricht, weil meine Leser nichts weniger als das verdienen. Ich lade dich ein, diesen Platz der Sicherheit in dir zu finden, weil er ein höchst wertvolles Werkzeug ist.

Ich bin kein Experte für antike Geschichte oder für die unterschiedlichen spirituellen Traditionen, die es auf der Erde gibt – bei weitem nicht. Was ich sehr gut kann, ist, den Worten der geistigen Welt zuzuhören und sie nach besten Kräften in einer Art und Weise aufzuzeichnen, die meine Leser gleichzeitig unterhält und informiert. Es liegt mir fern, Seemannsgarn zu spinnen oder die fehlgeleiteten Worte anderer zu teilen. Das würde meinem Ziel entgegenwirken, das darin besteht, der Menschheit dabei zu helfen, zu der Wahrheit, wer sie wirklich ist, zu erwachen.

Als Teil meiner Recherche für das Verfassen dieses Buches las ich den Artikel von Dr. Maurice Doreal *Atlantis und sein Anteil an der Neuen Zeit*. Vieles daraus hatte für mich nicht die Schwingung der Wahrheit. Tatsächlich war es im Endeffekt eher verwirrend als lehrreich. Ich hörte nach ein paar Seiten auf zu lesen und fragte Thoth nach seiner Meinung zu dem Büchlein von Doreal. Meine Hauptfrage an ihn war: "Wenn ich nicht glauben kann, was Doreal in diesem Artikel sagt, wie kann ich dann seiner Übersetzung der *Smaragdtafeln* glauben?" Wie üblich, hatte Thoth auch hier wieder die perfekte Antwort auf meine Fragen.

Seine Antwort war: "Was du gelesen hast, war sein Versuch, nach besten Kräften den Sinn der vielen Einzelheiten zu erfassen, die er darüber erfahren hat, was sich wirklich in alter Zeit zugetragen hat. Doreal war ein sehr aufrichtiger Mensch, der in seinem gesamten Leben immer größere Wahrheiten gesucht hat. Die vielen Visionen, die er über diese alten Zeiten erhalten hat, richtig zu beschreiben, war eine seiner Herausforderungen. Er war ein sehr ernsthafter Sucher in antiker Geschichte und spiritueller Weisheit und man muss ihm für seine immense Arbeit sehr viel Anerkennung zollen.

Doreals Interpretation der Smaragdtafeln beinhaltete eine völlig andere Herangehensweise als die gerade beschriebene. Wenn die Smaragdtafeln gehalten oder berührt werden, übertragen sie ihre Information direkt an den Empfänger, so als ob dieser die eigentliche Geschichte tatsächlich beobachtet. Im Wesentlichen war die Erfahrung des Empfängers der Geschichte sehr real, was die Möglichkeit eines Fehlers ausschloß. Die in den Tafeln befindliche Kraft hielt die Aufmerksamkeit in einer solchen Art und Weise, die den Leser dazu befähigte, die richtige Botschaft aufzuzeichnen, die auf den Tafeln verschlüsselt war.

Während Doreal die Smaragdtafeln übersetzte, nahm er, was um ihn herum geschah, nicht wahr, wie es auch mir erging, als ich die ungewöhnliche Kraft der Tafeln erlebte. Sie waren sehr fesselnd. Die Weisheit war das Wort und das Wort war deine Erfahrung.

Du [Ashalyn] hast die Berührung der Smaragdtafeln niemals erlebt, aber du hast nun eine bessere Vorstellung davon, wie es wirklich ist. Du und ich, wir arbeiten gegenwärtig daran, deine Interpretation meiner Erfahrungen zu vervollkommnen, etwas, was Doreal nicht tat, als er seine Büchlein schrieb. Er sammelte Tatsachen und benutzte seinen Verstand um darüber zu schreiben, was zu der Zeit für ihn Sinn ergab.

Als unsterbliches Wesen mit viel Wissen, dass ich mitteile, kann ich meine Botschaft nur denjenigen vermitteln, die emotional, spirituell, mental und physisch bereit sind, meine Übertragungen zu erhalten. Wenn es auch nur in einer dieser Bereiche ein Ungleichgewicht gibt, wird die Botschaft missverstanden oder verdreht und oft durch den Empfänger aufgebläht. Ein Gedanke fördert den nächsten, der wieder einen anderen und bevor du dich versiehst, kommunizieren wir nicht mehr direkt von meinem Geist zu seinem Geist. Dann schreibt er (der Empfänger) über eine Geschichte, die für ihn perfekt Sinn ergibt und die vermutlich auf der alten Wahrheit basiert, die ich gerade erkläre. Deshalb werden wir beide weiterhin unsere Verbindung und jedes Wort, das durchkommt, prüfen, um sicherzustellen, dass es von dir als 100%-ige Wahrheit empfangen wird. Diese Art der Kommunikation gefällt mir sehr gut.

Wie weiß nun der Leser, was zu glauben ist und was nicht? Sie müssen ihr eigenes intuitives Leitsystem abrufen und die Entscheidung selber treffen. Eine gute Frage ist: "Hat das für mich die Schwingung der Wahrheit?" Wenn nicht, geh weiter zu etwas, das diese Schwingung enthält. Wir befinden uns alle in unterschiedlichen Verständnisstufen. Was wir gestern als Wahrheit akzeptierten, hat heute möglicherweise nicht mehr die Schwingung der Wahrheit für uns. Während wir mehr über uns selbst und die Welt um uns erfahren, ist es wichtig, unserem Sinn für das, was wahr ist, zu erlauben, mit dem Informationsbeschaffungsprozess zu wachsen. Die Wahrheit ist relativ und ändert sich so, wie unser Bewusstsein von uns selbst sich ändert.

Glauben hat nichts mit Wahrheitsfindung zu tun. Glauben hat damit zu tun, dass man eine bestimmte Information oder einen vorgeschriebenen Seinsweg als den besten und einzigen Weg, sein Leben zu führen, annimmt. An seinen Glaubensvorstellungen festzuhalten, gibt dir oft ein Gefühl von Bequemlichkeit oder ein Zugehörigkeitsempfinden. Doch hilft es dir nicht, die Information zu finden, die für dich die Schwingung der Wahrheit enthält. Diejenigen, die wahrhaftig suchen, werden finden. Diejenigen, die glauben, geraten oft in eine blockierte Geisteshaltung, aus der sie nur sehr schwer wieder herauskommen und die oft ihre Fähigkeit, Wahrheit zu finden, lähmt. Nur weil ein spirituelles System alt ist, bedeutet das nicht, dass es auch wahr ist. Du bist derjenige, der sein Schicksal bestimmt. Es liegt an dir und niemand anderem. Daher bleib offen, stell Fragen und erforsche die Dinge, die dich neugierig machen. Es gibt immer noch mehr zu lernen."

So endete die Antwort von Thoth auf meine Frage. Diejenigen, die besonders viel energetische Reinigungsarbeit für sich selbst geleistet haben, die die Wichtigkeit verstehen, "neutral zu bleiben" und die wissen, wie man in einen hoch schwingenden Bewusstseinszustand gelangt, bevor man versucht, Informationen zu erhalten, genau diejenigen können am besten gechannelte Informationen empfangen. Die amerikanischen Ureinwohner sagen, "Werde ein hohler Knochen," das bedeutet, dass der Empfänger so klar ist, dass, egal welche Botschaft die geistige Welt auch durch ihn sendet, sie niemals durch seine persönlichen Glaubensvorstellungen verdreht wird.

Mein Ziel für *Die Smaragdtafeln für die Neue Zeit* ist, Thoth zu helfen, Informationen aus dem vorangegangen Buch (Büchern), die missverstanden wurden, zu korrigieren und noch mehr wichtige und relevante Information, die der heutige spirituelle Sucher benötigen könnte, zur Verfügung zu stellen. Ich möchte dich auch dazu ermutigen, kreativ zu werden und deiner Leidenschaft mit großen Enthusiasmus und großer Freude zu folgen.

Von meinem Herzen zu deinem Herzen.

Ashalyn

Wer war Dr. Maurice Doreal?

Claude Doggins wurde ungefähr im Jahre 1898 in Sulphur Springs, Oklahoma, geboren. Als Jugendlicher war er von Science-Fiction- und Fantasy-Literatur fasziniert. Später interessierte er sich dann für den Okkultismus. Sein Bücherschrank soll über 5000 Bücher enthalten haben. Nachdem er im zweiten Weltkrieg gedient hat, soll er angeblich bei den Lamas in Tibet studiert haben, die ihm den Namen Doreal gaben. Er behauptete ebenfalls, dass er die sagenhafte unterirdische Stadt unter dem Mount Shasta in Nordkalifornien besucht hat.

Dr. Maurice Doreal erklärt, dass er viel von seinem Wissen durch seinen Kontakt mit der Universellen Weißen Bruderschaft erlangt hat, eine Gruppe von geistigen Wesen, die mit der Entwicklung der Menschheit befasst sind. Er wurde von ihnen gebeten, die zwölf Smaragdtafeln aus ihrem physischen Versteck am Sonnentempel auf der Halbinsel Yucatan zu holen. Schließlich wurde er zum Versteck der Tafeln geführt und brachte sie zurück in die Vereinigten Staaten. Das hat sich alles in der Zeit nach 1925 zugetragen.

Er übersetzte die Tafeln in Buchform und veröffentlichte *Die Smaragdtafeln von Thoth dem Atlanter* im Jahre 1939. Nach Beendigung der Übersetzung wurde Doreal gebeten, die Tafeln nach Ägypten zurückzubringen, wo sie sich heute noch in physischer Form befinden. Sie werden der Menschheit erneut gezeigt werden, irgendwann in naher Zukunft.

1930 gründete Doreal eine spirituelle Gruppe mit Namen *Bruderschaft des Weißen Tempels.* Er verbrachte einen Großteil seines Lebens damit, die Lektionen der Bruderschaft zu schreiben, die eine Reihe von Broschüren enthalten, genannt die *Kleine Tempelbücherei*. Er schrieb diese Hefte über eine Vielfalt von metaphysischen Themenkreisen während seines gesamten Lebens. Sein Werk stellte eine Erfassung der vielen unterschiedlichen spirituellen Lehren dar, die er zeit seines Lebens studiert hat. Ein so großes Lebenswerk ist ihm hoch anzurechnen.

Dr. Maurice Doreal ging im Jahre 1963 im Alter von 65 Jahren nach Hause. *Die Bruderschaft des Weißen Tempels* hat nun ihren Sitz in Sedalia, Colorado, und benutzt weiterhin seine vielen Schriften in ihrer Literatur.

Atlantis und Lemurien

Ich, Thoth, habe Atlantis unmittelbar erlebt. Ich lebte dort circa 20.000 Jahre bis zu seiner Zerstörung, daher kann ich den Menschen erzählen, wie es ausgesehen hat und was wirklich dort passiert ist. Lasst uns damit beginnen, seine Lage zu beschreiben. Die zehn Inseln von Atlantis lagen im nordatlantischen Ozean. Es gab auch eine elfte Insel, die der Wohnort des Residenten war und die nur zum spirituellen Wachstum und zur spirituellen Schulung diente. Der Resident baute dort einen riesigen Tempel "aus ätherischer Substanz, wobei er die Macht von Ytolan benutzte", wie die Smaragdtafeln erzählen.

Auf der heutigen Karte des nordatlantischen Ozeans, wie unten abgebildet, zeigte Thoth Ashalyn, wo sich die Inseln von Atlantis ungefähr befanden. Kreise wurden gezogen und die Originalnamen für jede Insel eingetragen, zusammen mit dem, was in alter Zeit ihr Schwerpunkt war. Das Dreieck, das nahe der Bermuda-Inseln gezogen wurde, kennzeichnet eine UFO Untergrundbasis, die zu den Zeiten von Atlantis regelmäßig genutzt wurde und die heute noch existiert. Die Atlanter hatten in den vielen Jahren ihrer Existenz permanenten Umgang mit ihnen, normalerweise recht positiv.

Laut dieser Karte war Yog Sog (#10), die südlichste Insel von Atlantis, direkt oberhalb der Sankt-Peter-und-Sankt-Pauls-Felsen mitten im atlantischen Ozean zwischen Brasilien und Liberia. Die südwestliche Insel Mynea (#8) befand sich im gleichen Gebiet wie Guadalupe, Montserrat, Antigua, Barbuda, St. Kitts und Nevis, in dem was heute als die kleinen Antillen bezeichnet wird und sich nördlich und westlich der Karibik befindet. Die nördlichste Insel von Atlantis, Suntal (#1), war inmitten des atlantischen Ozeans zwischen Neufundland und Frankreich. Die östlichste Insel, Coreal (#5) befand sich westlich von den heutigen Inseln von Madeira, die der Küste von Marokko in Afrika vorgelagert sind. Die zweite, kleinere Karte zeigt die heutige Karibik, die ein wenig mehr Details über dieses Gebiet liefert.

Jede einzelne Insel von Atlantis bot alles, damit sich ihre Bewohner selbst versorgen konnten, einschließlich seiner Handelszentren. Jede Insel hatte auch ihr ganz besonderes Spezialgebiet für diesen Raum. Diese einzelnen Bereiche werden in den folgenden Abschnitten beschrieben. Das Reisen zwischen den Inseln wurde ermutigt und so gut wie jeder genoss es, einschließlich derjenigen aus der ganzen Welt, die regelmäßig zu Besuch kamen. Kristalltechnologien wurden auf jeder Insel angewandt sowie geologische, Wind- und andere natürliche Technologien. Es wurde uns beigebracht, unsere natürlichen Ressourcen mit großem Respekt zu gebrauchen und in einer Art und Weise, die im gesamten Land Harmonie hervorbrachte, Eigenschaften, die eure heutige Zivilisation sich noch nicht ganz zu eigen gemacht hat.

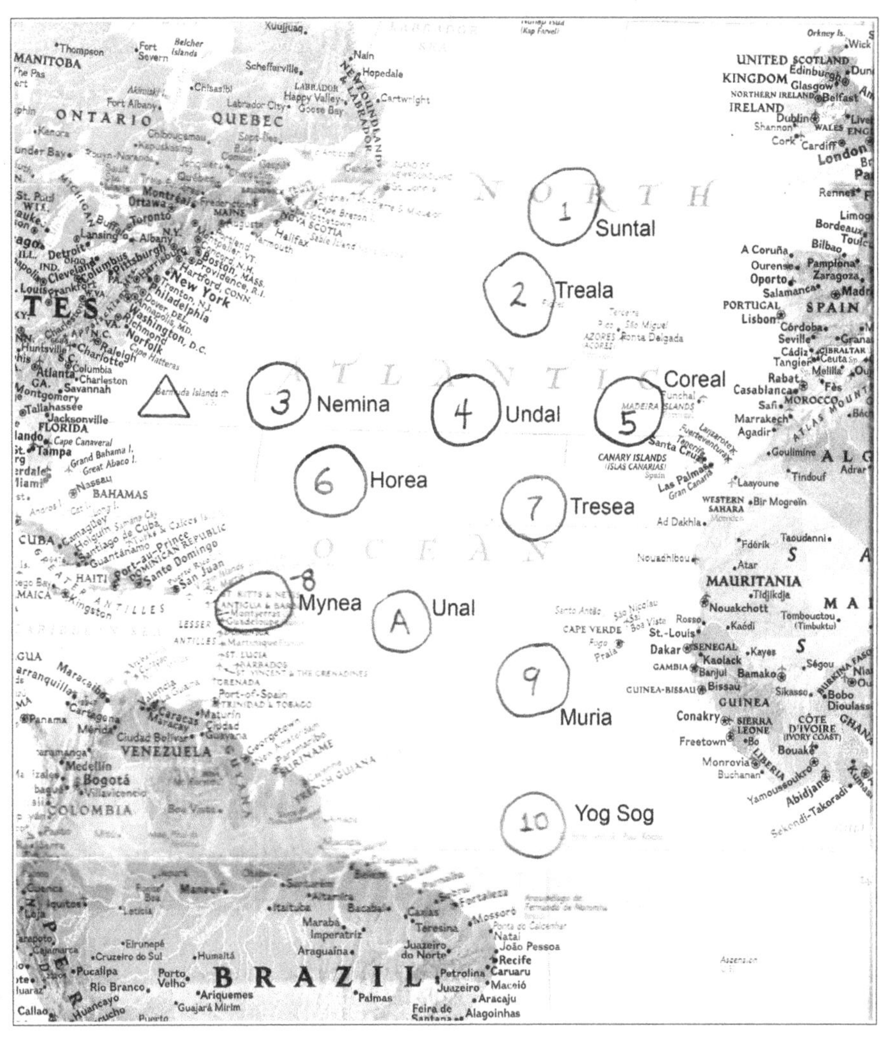

Die ungefähre Lage der atlantischen Inseln

Mein Wohnort lag auf der Insel Undal (#4 auf der Karte) in der Stadt Keor. Tausende Menschen studierten auf Undal die spirituellen Künste oder arbeiteten im Tempel. Sie waren Heiler,

Priester, Priesterinnen, Eingeweihte und spirituelle Suchende und Lehrende auf Lebenszeit. Sie reisten oft auf die anderen Inseln, wenn dort ihre Dienste benötigt wurden. Wir wurden regelmäßig von Wesen von anderen Planeten und Sternensystemen besucht, die uns halfen, die Universellen Gesetze und die höheren spirituellen Konzepte zu verstehen. Diese Wesen stellten eine unglaubliche Quelle des Wissens und der Weisheit für unser Volk dar. Eines Tages werden sie ihr Wissen wieder eurer Zivilisation anbieten.

Auf der nördlichsten Insel Suntal (#1) waren die Universitäten. Jedes nur vorstellbare Thema wurde angeboten, mit Ausnahme der spirituellen Pfade, die auf Undal gelehrt wurden. Die Themenbereiche enthielten Kristallwissenschaften, Luftfahrt, Alchemie, Geologie, Astrologie, Tierzucht, Chemie, Physik, Geburtshilfe, fortgeschrittene Chirurgie, Getreideanbau nach Mond- und Erdzyklen, Automobilbau, Tempelbau, Heilige Geometrie, Architektur, Intergalaktische Kommunikation, Fotosynthese, schonende Bergbauverfahren, Medizin und Chirurgie, Kräuterkunde in Verbindung mit Kristallen und Meeresmineralien, und viele andere nach damaligem Stand der Wissenschaft.

Sport war das Hauptthema des Lernens und der Aktivität auf der Insel Treala (#2, genau südlich der Insel Suntal). Körperertüchtigung und auch den Körper über seine vermeintlichen Grenzen zu bringen, waren die Hauptschwerpunkte auf dieser Insel. Trainer waren sehr gefragt, weil ein guter Trainer der

Schlüssel zu einer langen Karriere eines Athleten war. Die Heiler von Suntal arbeiteten auch von Zeit zu Zeit mit den Athleten. Jeder Athlet folgte seinem eigenen spirituellen Pfad, um seine Konzentration und seine Ausrichtung zu erhöhen bzw. zu schärfen.

Die Insel Muria (#9) stand für das Erlernen der Kunst der Mutterschaft. Dieses Fachgebiet bezog sich auf die betreuende und liebevolle Unterstützung von allen Kindern, die auf allen Inseln geboren wurden. Dieses Fachgebiet wurde sehr ernst genommen, da die ersten Jahre im Leben eines Kindes ungemein wichtige Entwicklungsjahre sind. Für Eltern und Kinder zugleich war es sehr wichtig, die Grundprinzipien von Liebe, Vertrauen und Respekt zu lernen. Die Frauen wurden hier während ihrer Schwangerschaft in den Künsten Mutterschaft und Beziehungen unterrichtet. Von werdenden Müttern wurde nicht erwartet, dass sie irgendetwas anderes taten als die Mutterschaft zu erlernen, bis sie entschieden, dass sie bereit waren, wieder in ihr gewähltes berufliches Fachgebiet zurückzukehren. Die Väter wurden ermutigt, auch dort hinzugehen und die entsprechenden Qualitäten eines Vaters zu erlernen.

Horea (#6) war die Insel, deren Hauptzweck es war, die meisten finanziellen Belange aller zehn Inseln zu regeln. Das beinhaltete alles vom Schaffen der Währung bis hin zur Kreditvergabe und das Verwalten von Krediten, alle größeren Handels- und persönliche Bankdienstleistungen, und sicherzustellen, dass jede Insel genügend Kapital hat, um ihrem Spezialgebiet nachzugehen. Man könnte die atlantische Lebensweise als "sozialistisches" Modell bezeichnen, aber wir nannten sie "Gelassenheit", was wunderbar funktioniert hat. Diejenigen, die am meisten arbeiteten, wurden auf viele andere Arten und Weisen ausgezeichnet als der finanziellen. Zum Beispiel wurde ihnen eine Honorierung gegeben, die sie später einlösen konnten, etwa wie Urlaubsbegünstigungen, Theatertickets, Schulungseinheiten – was auch immer dieser Mensch als wichtige Ergänzung in seinem Leben schätzte.

Mynea (#8) war berühmt für seine vielen Gebiete mit Mineralien, Edelsteinen und Kristallen. Sie waren hochgeschätzt und wurden auf vielerlei Weisen verwendet. Diejenigen, die mit Mineralien, Edelsteinen und Kristallen arbeiteten, waren in höchstem Maße auf sie eingestimmt und kommunizierten häufig mit den Geistwesen, die diese Formen bewohnten. Die Außerirdischen halfen uns sehr, sie so zu benutzen, dass es zum Wohle aller war, in der Absicht, die großen Geschenke, die sie uns anboten, zu ehren.

Nemina (#3) war die Garteninsel von Atlantis. Hier wurden exotische Früchte, Nüsse, Gemüsesorten, Blumen und Bäume angebaut. Alle Methoden, Getreide anzubauen, wurden hier angewendet, so wie der Handel, der nötig war, diese Produkte unter den Inseln zu verbreiten. Das Wetter war so, dass das Getreide das ganze Jahr über geerntet werden konnte. Auch exportierten wir Getreide auf andere benachbarte Inseln und Kontinente. Unsere seegängigen Schiffe waren so gebaut, dass sie auch bei schlechtem Wetter lange Strecken zurücklegen konnten, um die benötigten Produkte zu liefern. Viele Hausbesitzer auf den verschiedenen Inseln hatten einen Garten hinter dem Haus und genossen es weidlich, ihr eigenes Essen und ihre eigenen Blumen anzubauen.

Tresea (#7) war die Insel, zu der die Menschen gingen, wenn sie einen stillen und friedlichen Rückzug brauchten – einen Ort fernab vom geschäftigen Treiben des Lebens. Es war wie eine unserer heutigen Touristenhochburgen. Die Menschen dort waren darin ausgebildet, alle Bedürfnisse des Gastes zu befriedigen – ob es nun völlige Ruhe und Frieden war oder ein Vier-Augen-Gespräch mit psychologischen Betreuern oder Heilern. Der Respekt für die Bedürfnisse des anderen war groß dort, einschließlich der beauftragten Hilfe. Man sah sie als hochqualifizierte Fachleute, deren Aufgabe es war, diejenigen, die dorthin gereist warten, um sich in ihre Fürsorge zu begeben, wieder aufzurichten, zu heilen und zu entspannen.

Coreal (#5) war die Insel für die militärische Ausbildung. Die Atlanter hatten es sich zum Ziel gesetzt, sich andere Gebiete in der ganzen Welt anzueignen, um so unmittelbaren Zugang zu Gütern und Informationen von höchstmöglicher Qualität zu bekommen. Wir haben ebenfalls festgestellt, dass andere Länder viel an der Art und Weise, wie mit Bildung und Wissenschaften umgegangen wurde, zu bieten hatten, was für uns ebenfalls sehr wichtige Fachgebiete darstellten. Unsere Berufssoldaten waren Freiwillige. Sie waren hochgebildet und wurden für ihre permanenten Dienste sehr gut bezahlt. Man begegnete ihnen mit höchstem Respekt, genauso wie jedem anderen, der eine andere Karriere für seine berufliche Tätigkeit gewählt hat.

Die Insel Yog Sog (#10) stand für alles, was bisher noch nicht erwähnt wurde, einschließlich Kunst, Musik und Tanz. Yog Sog wurde schließlich zu einem Ort, zu dem Würdenträger andere einflussreiche Menschen brachten, damit diese dort eine schöne Zeit verlebten und mehr über die Inseln von Atlantis erfuhren. Ihr könntet sie eine Handelskammer-Insel nennen, die dazu da war, alles "Atlantische" anzupreisen und herauszustellen. Dort konnte man das Beste von allem erleben. Eine Reise nach Yog Sog versprach immer ein herrliches Abenteuer zu werden. Ich verbrachte viel Zeit dort, indem ich die Menschen lehrte, ihre Aufmerksamkeit wieder darauf zu richten, ihrem Leben durch ein spirituelles Bewusstsein neuen Auftrieb zu geben.

Die elfte und ungewöhnlichste Insel habe ich mir für den Schluss aufgehoben. Es ist die Insel Unal (#11), wo Horlet, der Resident, lebte. Dort baute er den Tempel des Lichtes "aus ätherischer Substanz, gestaltet und geformt von der Macht von Ytolan". Manchmal war Unal unsichtbar für das menschliche Auge. Meistens sah sie aus wie eine riesige verschwommene Wolke inmitten des Ozeans, geschmückt mit Regenbögen und Lichtern mit seltsamen Farben und gespenstischen Geräuschen, die vom Inneren der Insel kamen. Man könnte sie sogar damit vergleichen, was als die Nebel von Avalon bezeichnet wird, aus der Zeit von König Arthur und Merlin. Unal war ein Ort für fortgeschrittene spirituelle Lehrmethoden für Studenten und

Eingeweihte der höchsten Stufe. Nicht viele Menschen bekamen Zugang zu Unal. Auch nach vielen Jahren der tiefen spirituellen Ausbildung und Hingabe erhielten nur sehr wenige Adepten die Ehre, persönlich die mystischen Welten von Unal zu erleben. Das ist der Ort, wo ich, Thoth, viele Jahre der spirituellen Ausbildung erhielt.

Insgesamt war Atlantis ein Paradies, das weltweit und sogar über die irdischen Grenzen hinaus Beachtung fand. Es gab viel Kommunikation zwischen uns und denjenigen, die heute als Außerirdische bezeichnet werden, viele von ihnen waren unsere Lehrer. Ihre Zivilisationen hatten das schon erlebt, was wir gerade erlebten, daher war ihr Wissen für uns von unschätzbarem Wert und höchst willkommen. Sie erklärten uns, dass eine Zeit kommen würde, in der unser Viel-Insel-Paradies nicht mehr das sein würde, was es damals war. Wir konnten nicht ahnen, wie bedeutsam diese frühe Warnung war.

Diejenigen, die heute nach den Überresten des alten Atlantis suchen, haben tatsächlich viele unserer alten Bauwerke, Landebahnen und Tempel gefunden, vieles davon ist noch am Meeresgrund. Diese Forscher müssen ermutigt werden, ihre Erkundungen weiterzuführen, weil es noch so viel zu entdecken gibt. Die bevorstehenden geologischen Aktivitäten in diesem Gebiet werden das ihrige dazu beitragen, dass noch mehr freigelegt wird. Das Erdbeben in Haiti im Jahre 2010 war ein Vorbote für den endgültigen Aufstieg unserer einst so großen Zivilisation. Wenn die atlantischen Tempel einmal entdeckt sind, wird man viel über Atlantis verstehen. Unglücklicherweise werden viele Inseln, die zerstört wurden, im Meer verloren bleiben.

Viele Menschen bezweifeln immer noch die Existenz von Atlantis. Man muss nur auf die Worte von Plato und Edgar Cayce schauen um zu erkennen, dass das, was von ihnen behandelt wurde, der Wahrheit entspricht und nicht nur ein Mythos ist. Einige Stämme der Eingeborenen haben sogar Geschichten, die auf dem alten Atlantis und einem anderen alten Kontinent basieren, der einst Lemuria genannt wurde.

War Lemuria auch mehr als ein Mythos? Selbstverständlich. Tatsächlich existierte der Kontinent Lemuria sogar, bevor die Inseln von Atlantis bewohnt wurden. Lemuria befand sich im nördlichen pazifischen Ozean oberhalb des heutigen Mikronesiens, der Karolinen, der Marshall-Inseln und Kiribati, wie man auf der nachfolgenden Karte des Nordpazifiks ersehen kann. Die Südküste von Lemuria befand sich einige Meilen südlich des Äquators.

Die ersten Lemurier waren ätherischer als die heutigen Menschen. Aufgrund dessen war die bewusste Erinnerung an ihre wahre Identität noch unversehrt. Sie kommunizierten täglich mit Allem-Was-Ist und konnten mit großer Leichtigkeit weite Entfernungen zurücklegen, über und unter der Erde. Mit der Zeit wurden ihre Körper immer dichter und konnten besser auf ihre irdische Umgebung reagieren. Und ganz gleich wie dicht ihre

Körper auch waren, sie blieben sanfte friedliebende Menschen, die darauf hinarbeiteten, das zu erschaffen, was am Besten für alle an allen Orten war.

Irgendwann bewohnte dann ein aggressiverer und mehr technologisch orientierter Menschentyp die Inseln von Atlantis. Nach vielen Jahren erblühte die Technologie in den Händen dieser Menschen und alles Atlantische entstand. Sie waren im Grunde ihres Herzens Forscher, die die Meere befuhren und viele Länder in der ihnen bekannten Welt eroberten.

Ich, Thoth, erinnere mich an eine Zeit, in der wir Boten nach Lemuria schickten, wie wir es auch mit anderen Ländern machten. Alles, was wir vorfanden waren leere Gebäude und Wohnungen, die wirkten, als wären sie nur Minuten zuvor verlassen worden. Sie schienen die unheimliche Fähigkeit zu haben, sich einfach in Luft aufzulösen. Es dauerte viele Jahre, bis wir entdeckten, dass sie einfach wussten, wenn wir kamen und dann in ihre unterirdischen Räume gingen, wo sie sicher und ungestört von Aggressoren wie uns waren. Das Letzte, was sie wollten, war in Kämpfe oder Streitereien verwickelt zu werden.

Ungefähre Lage des einstigen Kontinentes Lemurien

Aber schließlich konnten die Atlanter die Lemurier erobern, was ihre idyllische Lebensweise veränderte. Als die Atlanter die Herrschaft übernahmen, wurden die natürlichen Liebes- und Harmonieschwingungen der Lemurier erheblich beschädigt. Sie hatten bis dato Chaos und Schmerzen noch nicht erlebt. Dieser große Frequenzwandel zog schließlich die Struktur eines jeden lebenden Wesens auf diesem Kontinent in Mitleidenschaft. Sie hatten ein idyllisches Leben in Einheit mit allen fühlenden Wesen geführt, einschließlich der Erde, seit sie auf diesen Planeten gekommen waren und nun zwangen die Atlanter, die eine solche Art des Seins nicht kannten, ihnen einen Wandel in ihrem friedlichen Sein auf.

Die Lemurier wollten ihre friedvolle Lebensweise nicht ändern und reagierten auf sehr ungewöhnliche Art und Weise auf die Übernahme der Atlanter. Ihr müsst euch das so vorstellen, dass Bäume, Felsen, Blumen, Wasserwege, Wohnungen, Straßen – alles, was auf dem Kontinent Lemuria existierte – zu zerbröckeln und sich unter den andersartigen Schwingungen von Schmerz und Chaos aufzulösen begann. Das mag sich in den Ohren der heute auf der Erde lebenden Menschen surreal anhören, aber es war tatsächlich eine Tragödie, die die vielen friedvollen und liebevollen Menschen von Lemuria erlebten. Das Land und alle Menschen kehrten zurück nach "Hause", zurück in die ätherische Essenz, aus der sie ursprünglich geschaffen worden waren.

Es gab keine physikalische Katastrophe. Es gab keine kriegsähnliche Zerstörung. Es gab keine Gefangenen oder wertvolle Überreste, die in andere Länder mitgenommen wurden. Der gesamte Kontinent Lemuria löste sich einfach auf, anstatt der Schwingung der Aggression zu erliegen. Viele Lemurier kehrten niemals wieder zur Erde zurück. Diejenigen, die es taten, entschlossen sich, in unterirdischen Städten weiterzuleben, wo sie sicher und in den Armen der Erde selbst waren.

Es gab jene Weisen in Lemuria, die die "Katastrophe des Auflösens" kommen sahen und den Kontinent verließen, bevor es geschah. Sie nahmen ihre heiligen und historischen Gegenstände mit zu den Zivilisationen der Inneren Erde, wo sie (und viele andere) sich heute noch befinden. Im Inneren der Erde dürfen sie in Frieden und Harmonie leben in der Hoffnung, dass ihre Brüder und Schwestern an der Oberfläche anfangen, sich daran zu erinnern, was wirklich wichtig ist – die einfachen doch tiefen Wahrheiten von Liebe, Harmonie, Freude und Frieden. Im Gegensatz zu Atlantis gibt es keine physischen Überreste des Kontinents Lemuria. Sie verschwanden alle bei der großen Katastrophe des Auflösens.

Vielen Quellen zufolge existieren die alten Lemurier heute noch, in einer unterirdischen Stadt namens Telos, weit unter dem Mount Shasta, der sich in Nordkalifornien befindet. Die Menschen kommen aus aller Welt zum Mount Shasta, einem heiligen Energiewirbel. Viele von ihnen hoffen, dort mit ihren lemurischen Brüdern und Schwestern Kontakt aufnehmen zu können. Die Kommunikation mit den Telosianern ist mit unseren intuitiven Sinnen möglich. Sie bleiben ein friedvolles, liebevolles und kreatives Volk, das immer noch darauf wartet, dass wir, ihre Brüder und Schwestern, unsere Schwingungsfrequenz so weit erhöhen, dass wir uns wieder gegenseitig besuchen können. Viele zieht es zum Mount Shasta aufgrund ihres alten lemurischen Erbes. Wenn sie dort ankommen, haben viele von ihnen tatsächlich das Gefühl, dass sie zu Hause sind.

Die Smaragdtafeln

Nachfolgend werden die Smaragdtafeln, wie sie Thoth, dem Atlanter in alter Zeit gegeben wurden, detailliert beschrieben. Es sind zwölf smaragdgrüne Tafeln aus einem unbekannten Material, das unvergänglich ist. Ihre Zellstruktur ist fest, so dass keinerlei Veränderung jemals stattfinden kann. Die Tafeln werden am oberen Rand mit einer Spirale aus einem goldenen Metall, die an einer Stange aus demselben goldenen Material befestigt ist, zusammengehalten. Der Umfang der Tafeln ist ungefähr 20 cm breit, 30 cm lang und 5 cm hoch, (wenn alle zwölf Tafeln aufeinander liegen). Die Zeichen waren etwa 1,3 cm hoch und 1 cm breit.

Auf den Tafeln sind viele unterschiedliche erhöhte Zeichen in einer Sprache zu finden, die bis zu dieser Zeit dem Menschen noch unbekannt ist. Wenn man die Tafeln berührte, schien man tatsächlich das Wissen zu erfahren, das auf ihnen festgehalten war. Bei dieser Methode war es nicht erforderlich, dass der Übersetzer mit der Bedeutung der alten Zeichen vertraut war, was bei der Übersetzung wenig Raum ließ für Fehler.

Ich wendete eine leicht veränderte Form des Channeling-Vorganges an als den, der beim Schreiben dieses Buches angewandt wurde, und gab Ashalyn eine detaillierte Beschreibung einiger Zeichen der Smaragdtafeln. Während Ashalyn sie auf dem

Papier zeichnete, führte ich sie, indem ich jede gezeichnete Linie bestätigte. Diese Zeichen sind nachfolgend dargestellt.

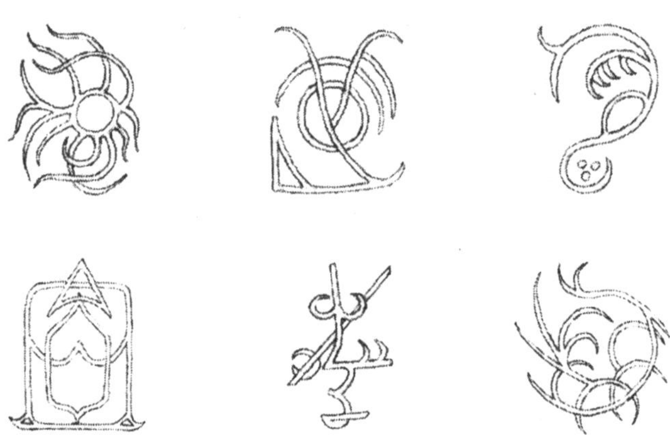

Einige Zeichen der Smaragdtafeln

Vielleicht möchtet ihr versuchen, euch mit euren intuitiven Augen auf die Zeichen zu konzentrieren um herauszufinden, ob sie für euch "zum Leben erwachen" und euch eine Vorstellung von der detaillierten Bedeutung geben, die in ihnen enthalten ist. Es sollte jedoch festgehalten werden, dass es die kraftvolle Energie der Tafeln selbst war, die ermöglichte, dass die vollständigen Botschaften, die in den Zeichen enthalten waren, freigegeben wurden.

Die zwölf Smaragdtafeln dürfen nicht mit einem anderen alten Dokument, das einen ähnlichen Namen trägt: *Die Smaragdtafel*, verwechselt werden. Dieses war eine einzelne smaragdfarbene oder grüne Kristallplatte, die auch unter dem Namen *Die Smaragdtafel des Hermes Trismegistos* bekannt ist. Diese Tafel wurde in Legenden erwähnt, die über 30.000 Jahre zurückreichen. Wie auch die zwölf Smaragdtafeln ist die Originalsmaragdtafel heute verborgen. Ihr Inhalt und ihre Geschichte werden sehr ausführlich mit sehr viel alchimistischer Weisheit in dem Buch *The Emerald Tablet, Alchemy for Personal Transformation* von Dennis William Hauck *(Die Smaragdtafel, Alchemie für persönliche Transformation, nicht erhältlich in deutscher Sprache, Anm. d. Übers.)* beschrieben.

Ein Hinweis von Thoth

Bis jetzt haben wir in diesem Buch einige Qualitäten beschrieben, die man braucht, um ein erfolgreicher und vielseitiger Mensch zu sein. Wenn ihr meint, dass eine oder mehrere der aufgelisteten Qualitäten noch in eurem Leben fehlen, nehmt euch die Zeit, arbeitet mit dieser Qualität und integriert sie in eure täglichen Erfahrungen. Solange man sich nicht vollständig darüber bewusst ist, wie man sein Leben lebt, ist es sehr gut möglich, dass man unbewusst das Gegenteil von dem kreiert, was man eigentlich will und möchte. Es ist wichtig, dass ihr immer daran denkt, dass ihr selber Schöpfer seid. Eure Gedanken, Worte und Taten erschaffen viel von dem, was um euch herum passiert.

Viele von euch führen ein Leben, dass durch eure Ängste begrenzt wird. Sich über diese Ängste hinweg zu bewegen ist ein sehr wichtiges Ziel. So oft fürchten die Menschen das, was sie nicht verstehen. Anstatt es zu erforschen und herauszufinden, um was es sich handelt, schlagen sie darauf ein und verpassen die Gelegenheit, ihr Bewusstsein zu erweitern und etwas zu lernen, was sie vielleicht sogar zu besseren Menschen machen würde. Jetzt ist die Zeit gekommen, eure Augen zu öffnen und das Unbekannte zu begrüßen, anstatt es zu verdammen und davor wegzulaufen.

Die Versuche der Menschheit, die Welt um den Einzelnen herum zu verstehen, dauern bis heute an. Viele nicht-inkarnierte Wesen sind aktiv damit beschäftigt, euch während eurer gegenwärtigen weltweiten, ja sogar galaktisch weiten Transformation und eures Erwachens dabei zu unterstützen. Das gesamte Universum beobachtet euch jetzt. In früheren Jahren haben eure Wissenschaftler tatsächlich herausgefunden, dass es Milliarden von Galaxien gibt. Vielleicht seid ihr nicht die einzigen, die intelligentes Leben auf ihrem Planeten haben oder sich darum kümmern, was in dieser riesigen galaktischen Nachbarschaft passiert, in der wir alle zusammen leben.

Was wäre, wenn ihr und eure galaktischen Nachbarn euch entscheiden würdet, Freunde zu sein und anfangen würdet, zusammen zu arbeiten, egal wo eure Heimatadresse wäre? Das haben wir getan, als wir den Planeten Erde geschaffen haben, nur ist das so lange her, dass ihr vergessen habt, was für eine tolle Zeit wir hatten, als wir alles zusammengesetzt haben und alles so perfekt gemacht haben, wie wir es uns nur vorstellen konnten. Es war eine Zeit großer Freude und Erwartung – eine Zeit solcher Großartigkeit, dass sogar die weit entfernten Sterne wussten, was wir taten. Hochgefühl im Universum ist die beste Art, es zu beschreiben. Ja, das gesamte kosmische Universum wusste von der Schöpfung des Planeten Erde und war involviert darin. Das ist es, worauf ich, Thoth, heute hinarbeite, universelle Bewusstheit, Glücksgefühl und Kooperation – wenn wir dann alle zusammen auf die selben Ziele hinarbeiten. Die Möglichkeiten sind unendlich, die Ressourcen unbegrenzt. Und die Arbeitskraft? Wer weiß, wie groß es werden könnte oder wie produktiv wir sein könnten, wenn wir unsere Kreativität, unsere Talente und Fähigkeiten einsetzen und an einem Strang ziehen würden.

Nun, da ihr meine Hoffnungen für die Zukunft gehört habt, frage ich euch, was sind die euren? Wie viel seid ihr bereit beizusteuern, um das zu erhalten, was ihr euch erhofft? Die Entscheidung liegt nun in euren Händen, nicht in meinen. Also, was steht an, meine Großartigen? Was steht an?

Ich, Thoth, stehe weiterhin zur Verfügung, euch auf eurer Reise nach innen zu helfen, vergessene Wahrheiten zu entdecken und das große Unbekannte zu erforschen. Ruft mich und ich werde euch bei eurem Erwachen beistehen.

Thoth, der Altanter

Kapitel 1

Wie Resonanz sich auf das Bewusstsein auswirkt

Resonanz entsteht, wenn die Schwingungsfrequenz einer Person, eines Gegenstandes, eines Geräusches oder eines Gedankens in einer ähnlichen oder komplementären Frequenz schwingt wie die einer anderen Person, eines anderen Gegenstandes, eines anderen Geräusches oder eines anderen Gedanken. Die Resonanz, die zwischen den beiden entsteht, fühlt sich beruhigend, angenehm oder sogar anregend an. Diese Resonanz lockt mehr davon an oder heißt mehr davon willkommen, da die beiden Frequenzen eine angenehme Erfahrung hervorgerufen haben. Die Fähigkeit, diese Resonanz zu spüren, ist ein Schlüsselfaktor beim Erweitern eures Bewusstseins, da ihr euch darin schult, dem zu folgen, was in Resonanz mit euch ist. Die Wahrheit kann gefunden werden, indem ihr darauf achtet, was in Resonanz mit euch ist und was nicht.

Dissonanz hingegen entsteht, wenn zwei getrennte Frequenzen so unterschiedlich schwingen, dass sie sich aus dem Weg gehen oder sich sogar abstoßen. Dadurch wird ein unangenehmes oder ungutes Gefühl oder eine unangenehme oder ungute Erfahrung hervorgerufen und man hat das Bedürfnis, diese Situation zu verlassen oder zu vermeiden. Resonanz ist der erste Schritt, wenn man eine harmonische Atmosphäre herstellen möchte. Eine harmonische Atmosphäre ist äußerst wichtig, wenn man anfängt zu verstehen, welche Information wahr ist und welche nicht. Beachte die harmonische Atmosphäre oder Resonanz, die eine Person, einen Gegenstand oder einen Gedanken umgibt. Auf Resonanz achten ist ein hervorragender Weg, sich in neue Gefilde zu wagen.

Nun, was gehört noch dazu, wenn man in der Lage sein möchte, Resonanz zu fühlen? Um leichteren Zugang zu eurer inneren Führung zu bekommen, müsst ihr ruhig sein, euch nach innen wenden, zuhören, fühlen, riechen, beobachten und eure Umgebung erfühlen. Diese Form des Untersuchens ist den meisten Menschen nicht sehr vertraut. Dies ist ein guter Weg, um Zugang zu euren intuitiven oder außersinnlichen Wahrnehmungen zu erlangen wie Hellsichtigkeit, Hellhörigkeit, Hellfühligkeit, Kinesiologie und Wissen, das, was manchmal auch der "sechste Sinn" genannt wird. Beim Erlernen dieses Prozesses nehmt ihr die Aufmerksamkeit von euren fünf vertrauten physischen Sinnen mit der Absicht, den sechsten Sinn zu erforschen. Je mehr ihr eure intuitiven Fähigkeiten trainiert, desto leichter findet ihr den Zugang zu spirituellen Informationen mit Genauigkeit und Leichtigkeit. Wenn ihr eure Fähigkeiten der außersinnlichen Wahrnehmung benutzt, könnt ihr leichter die Resonanz einer Person, eines Gegenstandes oder eines Gedanken aufnehmen.

Die Wissenschaft hat bewiesen, dass das Universum sich ständig ausdehnt, wodurch das Verstehen des Universums zu einer weitaus größeren Herausforderung wird. Während es sich ausdehnt, "tanzt es mit sich selber", um noch schönere Harmonien und Rhythmen zu erschaffen. Das Universum wirbelt herum und herum und bewegt sich im Einklang mit dem Willen von Allem-Was-Ist und hält nie auch nur für einen kurzen Moment an. Diese spiralförmige Eigendynamik ist ein wichtiger Faktor in der permanenten Existenz des Universums. Kontinuierliches Drehen ist eine Handlung für sich selbst. Die Zentrifugalkraft hilft den Sternen und Planeten oben im Himmel zu bleiben. Alles arbeitet zusammen in vollkommener Harmonie, oben wie unten.

Wenn man versucht, unser Universum außerhalb der Bereiche der aktuellen wissenschaftlichen Entdeckungen zu verstehen, ist es am besten, wenn man seine außersinnlichen Fähigkeiten und seine lupenreine Absicht mitnimmt auf diesen Weg. Eure Absicht ist wie der Zugführer in einem Zug – es ist derjenige, der zuständig ist für dein endgültiges Ziel. Setzt bewusst eure Absicht, wenn ihr daran arbeitet, euer Ziel zu erreichen.

Die Vorzüge des Reisens innerhalb und außerhalb unseres bekannten Universums sind vielfältig, einige von ihnen sind im Folgenden aufgelistet.

- Auf diese Art kann man gut die Visionäre und intuitiven Führer der Menschheit treffen.

- Die Informationen und das Wissen, das man dort gewinnen kann, sind völlig anders als das, was man erwartet. Daher wird es niemals dazu kommen, dass einem unterwegs langweilig wird.

- Es ist unvermeidlich, dass man neue Freunde trifft.

- Das Arbeiten in Zusammenhang mit diesen Freunden ist außerordentlich befriedigend.

- Lang verborgene Geheimnisse werden oft enthüllt und erklärt.

- Das Verstehen seines speziellen Platzes im Universum ist eine Ehre und ein Privileg, das denjenigen mit einem offenen Herzen überreicht wird.

- Mit ein bisschen Glück könnt ihr herausfinden, wie ihr eure Lebensdauer erhöht und euren gegenwärtigen Gesundheitszustand verbessert.

- Mehr über die Vergangenheit zu verstehen ist sowohl belebend als auch aufschlussreich.

- Mehr über die Schöpfung des Universums zu erfahren ist ein Segen und eine Ehre und zeigt eure Fähigkeit und Bereitschaft, mehr zu erfahren.

Es gibt immer noch mehr zu erlernen, erfahren, erforschen und zu verstehen. Haltet eure intuitiven Augen und Ohren offen. Achtet darauf, was harmonisch mit euch in Resonanz ist und was nicht. Seid hervorragende Schüler und teilt das, was ihr wisst.

Kapitel 2

Verstehen

Während wir unsere Reise des Verstehens und des Bewusstseins fortsetzen, fühle ich, Thoth, mich an eine Zeit erinnert, in der wir alle wussten, dass wir eins waren mit Allem-Was-Ist. Es war eine Zeit, in der Liebe, Freude und Harmonie wertgeschätzte Gefühle waren, die in allen Tätigkeiten erfahren wurden. Die Menschheit wird zu dieser Stufe des Bewusstseins zurückkehren, wenn alles nach Plan verläuft. Vorerst seid ihr in diesen physischen Körpern, um noch mehr über das Menschsein auf dem Planeten Erde zu lernen. Vergesst nicht, dass ihr alle multidimensionale Wesen des Lichtes seid, die für einen kurzen Moment in einer menschlichen Form sind. Euer menschliches und euer spirituell orientiertes Bewusstsein zusammenzubringen ist so einfach wie das Atmen, und wenn ihr es nicht tut, werdet ihr euch nicht erinnern.

Einige eurer Erfahrungen haben euch näher an dieses Erinnern heran gebracht. Andere Erfahrungen haben euch vom Weg abgebracht. Jeder einzelne von euch ist auch mal von den Wünschen und Bedürfnissen des physischen Körpers abgelenkt worden. Während ihr diese Bedürfnisse befriedigt habt, habt ihr vergessen, dass ihr in einem Universum lebt, dass jedem unendliche Erfahrungen durch die Ewigkeit hindurch bietet. Glaubwürdige Lehren, die euch helfen, euch daran zu erinnern, waren schwer zu finden. Ich bin hier, um euch zu helfen, euch an diese Wahrheiten zu erinnern, während ihr euch weiter in Richtung größerem Selbst-Bewusstsein und Verstehen bewegt.

Als ich, Thoth, zum ersten Mal auf der Erde ankam, kam ich mit einer unverbrauchten Einstellung und viel Begeisterung, einher mit endlos vielen neuen Ideen und Hoffnungen für die Zukunft. Viele von euch kamen mit den gleichen Einstellungen, denn wir waren die Pioniere einer brandneuen Grenze. Wir waren voller Tatendrang und bereit zu erschaffen, innerhalb der Begrenzungen dieses neuen Planeten namens Erde. Was waren wir für ein fröhlicher Haufen als wir den Tanz der Schöpfung mit Rhythmus und Grazie tanzten. Wir lebten in einer Gesellschaft basierend auf Liebe und Respekt für alle empfindungsfähigen Wesen. Wer konnte ahnen, dass diese idyllische Situation von so kurzer Dauer sein würde?

Wie konnte das geschehen, könnte man fragen? Was war es, das unsere vielen Hoffnungen und Träume zerstörte? Viele Menschen entschieden sich, falsche Glaubensvorstellungen in unsere Lebensweise einzuführen in der Hoffnung, die Kontrolle zu bekommen und die Menschheit zu manipulieren – eine Täuschung, die direkt unter unseren Augen stattfand. Die genauen Details dieses Seinszustandes sind unzählig und es ist unnötig, sie jetzt zu betrachten, denn diese Informationen könnten ein ganzes Buch (oder zwei!) füllen, daher werde ich jetzt hier nur zwei aufführen.

Durch das Einsetzen der organisierten Religion entstanden viele unterschiedliche Denkweisen. Schließlich wurden neue Lebensregeln zur Verpflichtung gemacht, die die Kreativität und Freiheit der Menschen einschränkte, anstatt ihr Bewusstsein auszudehnen. Sie erzählten euch auch, dass ihr die Wahrheit ohne die Hilfe der religiösen Hierarchie nicht finden könnt, was den Einzelnen drastisch einschränkte, seine eigene Wahrheit zu finden. Das waren Auffassungen, die sich um Angst-basiertes Denken drehten, das den persönlichen Ausdruck des Selbst definierte und begrenzte und das die Menschen in unterschiedliche Lager von Denkweisen teilte. Religion wurde mit so vielen Regeln und Begrenzungen gefüllt, dass sogar Familien dadurch gespalten wurden, die oft bis zum Tod miteinander über Auffassungen kämpften, die nicht einmal Sinn machten. Diese begrenzenden Glaubensvorstellungen dauern bis heute an. "Liebe deinen Nächsten wie dich selbst," wurde dahingehend verändert, dass "nur, wenn er so denkt wie du" hinzugefügt wurde. Und das ist *definitiv* keine bedingungslose Liebe.

Was sorgte noch dafür, dass schlechte Gefühle aus den Abflussrohren unserer goldenen Städte hervorkamen und die Grundlagen eines einst so schönen Planeten zerstörten, der voller Freude und Liebe war? Missgunst war ein anderer Übeltäter, begleitet von Gier und Machtmissbrauch. Diese Gefühle schienen jeden Anstand zu verschlingen, der noch in denen zu finden war, die einst eine völlig andere Lebensweise hatten. Das war ein harter Schlag und er wendete das Blatt unserer idyllischen Zivilisation sehr schnell. Die Naturgesetze antworteten auf den

Hass der Menschheit und brachten ein Wettergeschehen, das unseren geliebten Planeten Erde eher zerstörte als nährte.

Das brachte eine Zeit großer Dunkelheit und Traurigkeit hervor. Eure Kreativität war behaftet mit verzweifelten Überlebensinstinkten und diejenigen, die sich daran erinnerten, wie es einst war, gingen in den Untergrund oder verließen gar den Planeten. Es war nicht länger sicher, goldenes Licht auszustrahlen. Es zog zu viel Aufmerksamkeit der Machthaber auf sich, was das Leben für Menschen, die eine Veränderung wünschten, elend machte. Fortschritt erschien unmöglich. Der schreckliche Griff des Todes, der über uns war, hatte ein Eigenleben. Dieses wuchs gigantisch, nahm die Freiheit wie es nie für uns gedacht war – eine wirklich traurige Situation – und wir erleben dies noch heute in vielen vielen Teilen der Welt. Verständnis musste den verheerenden Auswirkungen von Missgunst, Gier und Macht weichen. Das Konzept des Einsseins war nirgends zu finden.

Kapitel 3

Herren der Weisheit

Weisheit gewinnt man nur, nachdem man großes Wissen erlangt hat und damit zugelassen hat, dass seine Lebenserfahrung sich verändert. Fakten und Zahlen auswendig lernen ist nur gut, wenn man einen Test bestehen will. Wahre Weisheit kommt durch systematisches Ausprobieren und durch die Beobachtung dessen, was es braucht, damit das Leben sich von seiner besten Seite und zum Wohle aller zeigt. Es gibt heute viele Menschen, die verschiedene Weisheitspfade erforschen, und zwar mit Ernsthaftigkeit und großer Absicht. Das sollte immer ermutigt werden. Manche sogenannte Weisheitspfade sind jedoch höchst einschränkend und voller Widersprüche. Sie enthalten oft Unwahrheiten, die den Suchenden verwirren und in die Irre führen, bis sie nicht mehr imstande sind, die richtige Weisheit für sich selbst zu erkennen. Das Herz wird verwirrt und eng, wenn seine Last schwerer und schwerer wird.

Enge Herzen erzeugen Krankheit. Enge Herzen lehnen die ab, die anders denken und/oder fürchten sie. Enge Herzen rationalisieren falsche Handlungen gegenüber ihren Brüdern und Schwestern, wenn der oder die andere nicht dem "richtigen Weg" folgt. Sie sehen diese als irregeleitete Seelen an, die umerzogen werden müssen, damit sie wie jeder andere denken oder sie müssen von denen getrennt werden, die dem "einen wahren Weg" folgen. Seid ihr dieser Denkweise schon einmal begegnet, die auf dem einen oder anderen Glaubenssystem basiert? Wenn ihr diesen Unterschieden erlaubt, euch zu trennen, verliert ihr den Blick für das, was wirklich wichtig ist im Leben. Diese Missverständnisse werden größer und eitern und sehr oft enden sie in Tod oder Krieg.

Die Wahrheit lebt in den Herzen der gesamten Menschheit und ist sehr leicht zugänglich, wenn man einen klaren Kopf hat. Geht über die Glaubenssysteme hinaus, die begrenzen und trennen. Nehmt Glaubenssysteme an, die Kreativität und Forschergeist ermutigen. Wahre Weisheit ist auf Liebe und Respekt begründet, nicht auf Angst und Macht.

Die *Smaragdtafeln* bergen viel Weisheit. Nachfolgend ist das erste Kapitel von diesen alten Lehren, das ich mit euch teilen möchte. In diesem Kapitel werde ich euch mit den Hallen von Amenti, der Blume des Lebens und den Meistern der Weisheit bekannt machen, die auch als die sieben Herren der Zyklen bekannt sind. Viel Weisheit kann man aus diesem Wissen erlangen.

> Ich, Thoth, der Atlanter,
> gebe freiwillig den Kindern der Menschen
> meine Weisheit, mein Wissen und meine Macht,
> so dass auch sie Weisheit erlangen mögen,
> um ihr Licht aus dem Schleier der Nacht
> durch die Welt scheinen zu lassen.

Seid nicht stolz in eurer Weisheit.
Sprecht sowohl mit den Weisen,
als auch mit denen, die nicht wissen.
Kommt jemand zu dir voll des Wissens,
lausche und schenke ihm Beachtung,
denn Weisheit ist in uns allen.

Bleib nicht still, wenn Böses gesprochen wird,
denn die Wahrheit, wie auch das Sonnenlicht,
scheint über alles.

Wer das Universelle Gesetz übertritt,
soll bestraft werden,
denn nur aus diesem Gesetz
kommt die Freiheit der Menschen.

Verbreite keine Angst,
denn die Angst ist Sklaverei,
eine Fessel, die die Menschen
an die Dunkelheit bindet.

Folge deinem Herzen dein Leben lang.
Tu mehr, als von dir erwartet wird.

Wenn du Reichtümer gesammelt hast,
folge deinem Herzen,
denn Reichtümer haben keinen Nutzen,
wenn dein Herz schwer ist.

Wenn du deinem Herzen nicht folgst,
ist das ein Gräuel für deine Seele.

Diejenigen, die geführt werden,
können nicht fehl gehen,
aber diejenigen, die verirrt sind,
können den richtigen Weg nicht finden.
Wenn du dich unter die Menschen begibst,
mach die Liebe zum Anfang und
zum Ende des Herzens.

Sucht einer deinen Rat, lass ihn frei sprechen,
so dass das, weswegen er zu dir kam,
getan werden möge.
Wenn er zögert, sein Herz dir zu öffnen,
dann nur, weil du, der Richter,
falsch gehandelt hast, nicht er.

Wiederhole nicht und
lausche nicht übertriebener Sprache,
denn es sind die Äußerungen eines
unausgeglichenen Menschen.
Sprich sie nicht aus, damit er,
der vor dir steht, Weisheit erfährt.

Schweigen ist von großem Gewinn,
durch übermäßiges Reden ist nichts gewonnen.
Erhöhe dein Herz nicht

über die Kinder der Menschen,
damit es nicht tiefer als Staub fällt.

Wenn du groß unter den Menschen bist,
lass dich ehren für Wissen und Güte.

Wenn du das Wesen eines Freundes erkennen möchtest,
frag nicht seinen Kameraden,
sondern verbringe Zeit allein mit ihm.
Diskutiere mit ihm und prüfe sein Herz
an seinen Worten und an seiner Haltung.

Was in einen Vorratsraum geht,
muss wieder herauskommen,
und das was dir gehört,
muss mit einem Freund geteilt werden.

Wissen wird vom Narren als Unwissenheit angesehen,
und die Dinge, die für ihn wertvoll sind,
sind schmerzlich.
Er lebt im Tod und dieser ist deshalb seine Nahrung.

Der weise Mann lässt sein Herz überfließen,
doch hält er seinen Mund geschlossen.

Lausche der Stimme der Weisheit;
lausche der Stimme des Lichtes.
Es gibt Geheimnisse im Kosmos,

die, wenn sie entschleiert sind,
die Welt mit ihrem Licht erfüllen.

Derjenige, der frei sein möchte
von den Fesseln der Dunkelheit,
möge zuerst das Materielle vom Immateriellen
unterscheiden, das Feuer von der Erde.

Wisse, dass so wie die Erde zur Erde herabsteigt,
so steigt das Feuer auf zum Feuer
und wird eins mit dem Feuer.
Derjenige, der das Feuer in sich selber kennt,
soll aufsteigen in das Ewige Feuer
und dort ewiglich leben.
Feuer, das innere Feuer, ist die mächtigste Kraft,
weil es alles überwindet
und alles auf der Erde durchdringt.

Nicht alle Augen haben die gleiche Sicht.
Dem einen erscheinen Form und Farbe
eines Objektes anders als dem Auge eines anderen.
So ist auch das unendliche Feuer,
das von Farbe zu Farbe wechselt,
niemals dasselbe von einem Tag auf den anderen.
So spreche ich, Thoth, von meiner Weisheit,
denn der Mensch ist ein Feuer,
das hell durch die Nacht scheint,
niemals ausgelöscht vom Schleier der Dunkelheit,
niemals ausgelöscht vom Schleier der Nacht.

Als ich mit meiner Weisheit in die Herzen
der Menschen schaute,
fand ich sie nicht frei vom Joch der Zwietracht.
Befreie dein Feuer von den Mühen, mein Bruder,
bevor es im Schatten der Nacht begraben ist.

Erwache und lausche dieser Weisheit.
Wo enden Name und Form?
Nur im Bewusstsein, das eine unsichtbare,
unbegrenzte, hell strahlende Kraft ist.
Die Formen, die du erschaffst durch die
Erhellung deiner Vision,
sind wahrlich Wirkungen die deiner Ursache folgen.

Der Mensch ist ein Stern, gebunden an einen Körper,
bis er am Ende frei sein wird von seinem physischen
Kampf.
Nur durch Streben und äußerstes Bemühen wird
der Stern in deinem Inneren wieder zu neuem Leben
erblühen.
Wer den Anfang aller Dinge kennt,
dessen Stern ist frei vom Reich der Nacht.

Denke daran, alles, was existiert,
ist nur eine andere Form von dem, was nicht existiert.
Alles, was Wesen hat,
wird in ein anderes Wesen übergehen,
und du selbst bist dabei keine Ausnahme.

Beachte das Gesetz, denn alles ist Gesetz.
Trachte nicht nach dem, was nicht Gesetz ist,
denn es existiert nur in den Illusionen der Sinne.

Die Weisheit kommt zu all ihren Kindern,
schon in dem Moment, in dem sie nach ihr suchen.

Durch die Zeiten hindurch war das Licht verborgen.
Erwache und sei weise.

Tief in die Geheimnisse des Lebens bin ich gereist,
ich suchte und forschte nach dem Verborgenen.
Hör zu und sei weise.

Tief unter der Kruste der Erde in den Hallen von Amenti,
sah ich Geheimnisse, verborgen vor den Menschen.

Oft bin ich den tief verborgenen Korridor gegangen,
war eins mit dem Licht, das Leben ist unter den Menschen.

Dort unten, wo die Blume des Lebens ewig lebt,
erforschte ich die Herzen und Geheimnisse der Menschen.
Fand heraus, dass der Mensch nur in Dunkelheit lebt,
dass das Licht des großen Feuers im Inneren verborgen ist.

Von den Herren der verborgenen Amenti
lernte ich die Weisheit,
die ich an die Menschen weitergebe.

Sie sind die Herren der großen geheimen Weisheit,
die aus der Zukunft am Ende der Unendlichkeit
gebracht wurde.

Sie sind sieben, die Herren von Amenti,
hohe Herren der Kinder des Morgens,
Sonnen der Kreisläufe, Herren der Weisheit.
Sie wurden nicht geformt wie die Kinder der Menschen.
Drei, Vier, Fünf und Sechs, Sieben, Acht, Neun
sind die Titel dieser Herren der Menschen.

Aus ferner Zukunft, formlos und doch formend,
kamen sie als Lehrer für die Kinder der Menschen.
Sie leben ewig, doch gehören sie nicht zu den Lebenden,
sind nicht ans Leben gebunden und doch frei vom Tod.
Sie regieren ewig mit unendlicher Weisheit,
gebunden und doch nicht gebunden an die dunklen
Hallen des Todes.
Sie haben Leben in sich, jedoch Leben das kein Leben ist.
Frei von allem sind die Herren von Allem.
Von ihnen kam der Logos;
Werkzeuge sind sie von der Macht über allem.
Gewaltig ist ihr Angesicht,
doch verborgen in Kleinheit,

formend und doch nicht geformt,
bekannt und doch unbekannt.

Drei hat inne den Schlüssel aller verborgenen Magie,
Er ist der Schöpfer der Hallen des Todes.
Er sendet Kraft aus, verhüllt mit Dunkelheit,
und bindet die Seelen der Kinder der Menschen.
Er sendet die Dunkelheit und bindet die Seelenkraft.
Er leitet das Negative zu den Kindern der Menschen.

Vier ist der Herr des Lebens,
der die Macht den Kindern der Menschen überlässt.
Licht ist sein Körper, eine Flamme sein Angesicht;
Er befreit die Seelen der Kinder der Menschen.

Fünf ist der Meister, Herr über alle Magie,
der Schlüssel zu dem Wort, das laut
unter den Menschen ertönt.

Sechs ist der Herr des Lichtes, der verborgene Pfad,
der Weg für die Seelen der Kinder der Menschen.

Sieben ist der Herr der Weiten,
Meister des Raumes und der Schlüssel der Zeiten.
Acht ist der Herr der Ausgeglichenheit.
Er bringt die Reise der Menschen ins Gleichgewicht.

Neun ist der Vater, von gewaltigem Angesicht,
formend und verändernd aus der Formlosigkeit.

Meditiere über die Symbole, die ich dir gebe,
denn sie sind Schlüssel, verborgen vor den Menschen.

Richtet euren Blick immer nach oben,
Kinder des Morgens.
Wendet eure Gedanken dem Licht und dem Leben zu.
Findet die Schlüssel in den Zahlen, die ich euch bringe,
Licht für den Weg vom Leben in das Leben.

Sucht mit Weisheit.
Wendet eure Gedanken nach innen.
Verschließt nicht euren Geist vor der Blume des Lichtes.

Bringt in euren Körper ein Bild durch Gedanken geformt,
denkt an die Zahlen, die euch zum Leben führen.

Der Weg ist klar für den, der Weisheit hat.
Öffnet die Tür zum Königreich des Lichtes.

Lasst eure Flammen sich ergießen als Kinder des
Morgens.

Schließt die Dunkelheit aus und lebt im Tag.
Als Teil eures Seins nehmt die Sieben,
sie sind und sind doch nicht was sie scheinen.

Ich habe meine Weisheit geöffnet.
Folgt dem Pfad, den ich euch gewiesen habe.

Herren der Weisheit,
für die Kinder des Morgens,
Licht und Leben für die Kinder der Menschen.

Kapitel 4

Die Kraft der bedingungslosen Liebe

Die Reise, die auf den ursprünglichen Smaragdtafeln beschrieben wird, ist eine kurze Geschichte meines Lebens vor Tausenden von Jahren. Es ist ebenfalls eine Aufzeichnung von uralten Wahrheiten, die über die Jahrhunderte verloren gegangen sind. Ich empfinde tiefe Liebe für die gesamte Menschheit, eine Liebe, die Zeit und Raum überbrückt bis hin ins große Jenseits. Es war schon immer mein sehnlichster Wunsch, alle Menschen weltweit zu unterrichten und ihnen zu helfen, sich an unser Einssein mit Allem-Was-Ist zu erinnern. Die *Smaragdtafeln* handeln von Selbstverwirklichung, von einer Reise, die ihre Höhen und Tiefen hat. Viele haben es geschafft; aber noch mehr sind gescheitert oder haben eine Ebene erreicht, nur um dann vor Erschöpfung aufzugeben und nie wieder zu dem Weg zurückzukehren. Die Fesseln der Dunkelheit sind weiterhin stark und machen es schwer, die Wahrheit zu finden.

Gib niemals auf, nach der Wahrheit zu suchen. Kapituliere nicht vor dem, was dich schon so lange in der Dunkelheit gehalten hat. Ich bin hier, um euch zu sagen, dass die Schleier jetzt viel dünner sind und täglich weniger werden. Gewaltige Sonnenstürme werden dabei helfen. Eure Wissenschaftler sehen diese als zerstörerisch an, wie sie es auch bis zu einem gewissen Grad sind, aber das ist keine Art von Zerstörung, die euch oder die Welt, in der ihr lebt, vernichten wird. Die Welt, in der ihr momentan lebt, ist eine Illusion, die euer wahres Selbst davon abgehalten hat, siegreich hervorzugehen aus seiner Suche nach Wahrheit und Verstehen. Viele von euch sind erschöpft. Euer Streben nach Freiheit und Wahrheit war lang und schwierig und ihr wollt einfach, dass Schluss ist, nicht wahr? Doch was wäre, wenn eure Reise nicht so schwierig gewesen wäre, wie ihr denkt? Und was, wenn sich diese Wahrheiten vor euren Augen verbergen würden und eigentlich gar keine richtigen Geheimnisse wären? Viele dieser Wahrheiten warten einfach nur darauf, von denen entdeckt zu werden, die die Kraft haben, vorwärts zu gehen, koste es was es wolle.

Erhebt euch früh am Morgen und beobachtet, wie die Sonne aufgeht. Geschieht das nicht an jedem Tag des Jahres? Und die Planeten? Folgen sie nicht jeden Tag der gleichen Drehbewegung? Mathematische Berechnungen werden euch helfen, die Bahn der Planeten zu verfolgen, während die Weisheit der Astrologie euch darin unterrichten wird, wie sie die Menschheit beeinflussen. Diese Studiengänge sind den Menschen, die an diesen Gebieten interessiert sind, die früher als geheimnisvoll galten, bereits zugänglich.

Habt ihr euch jemals gefragt, wo die Seele hingeht, wenn sie den Körper verlässt? Nun, das hängt davon ab, ob sie einen Nachmittags- oder Abendausflug zu den Sternen macht, oder ob sie ihre Zeit auf der Erde beendet hat, den Körper hinter sich lässt und die Auswirkungen ihrer letzten Handlungen auf die Gesellschaft beobachtet. Wir wissen, dass die Seele sehr wohl existiert und in alle Ewigkeit lebt. Wenn man diese Handlung betrachtet, ergeben sich andere Fragen. Wenn man weiter sucht, werden die Antworten auch kommen. Niemand steht über eurem Kopf wie ein riesiger Verkehrspolizist am Himmel und hält euch davon ab, diese Antworten zu finden. Tatsächlich ist das Gegenteil der Fall.

Lasst einmal das Folgende als Beispiel auf euch wirken. Ein ernsthaft Suchender (du) stellt eine Frage. Die Frage wird von der geistigen Welt empfangen. Der Suchende, weiterhin lauschend, wartet auf die Antwort. Die geistige Welt stellt die Informationen so zusammen, wie sie am besten vom Suchenden empfangen werden können und fängt an, sie in das Herz des Suchenden zu senden. Wenn die Wahrheit vom Herzen des Suchenden empfangen worden ist, vibriert die Frequenz des Herzens in einer Art, die vom Suchenden als gut empfunden wird. Der Suchende ist glücklich und dankbar für diese Information und für die Schönheit und Einfachheit des Vorgangs. Die geistige Welt ist zufrieden darüber, dass das System funktioniert und macht sich bereit für eine neue Frage, denn der Suchende ist wirklich neugierig. Der Suchende legt die letzte Antwort dort ab, wo sie hingehört und überprüft seine Notizen für die nächste Frage. Na, ist das einfach genug? Die Kunst ist, die richtigen Fragen zu stellen und euer Herz so offen zu halten, dass es die Antworten empfangen kann.

Es gibt ein Geheimnis, das man wissen muss, damit dieser Informationssammeldienst funktionieren kann. Der Suchende muss der geistigen Welt *vertrauen*, dass sie ihm die bestmögliche Antwort schickt. Andererseits, warum würde der Suchende die Frage sonst überhaupt stellen? Es versteht sich von selbst, dass, wenn der Suchende nicht zuhören und empfangen kann, der ganze Vorgang sich schwieriger gestaltet, wenn nicht gar unmöglich ist. Die Wellenlängen der Resonanz können in keine geschlossenen oder anderweitig abgelenkten Räume eindringen. Der Suchende muss bereit sein, auf allen Ebenen des Verstehens zu empfangen.

Was bedeutet das im einzelnen? Empfangsbereit zu sein ist ein sehr wichtiger Schlüssel für den Erfolg des oben aufgeführten Vorgangs. Den Menschen wurden mehr Sinne mitgegeben als nur fünf. Denjenigen, die vorziehen, nur mit ihren fünf physischen Sinnen zu kommunizieren, mag es schwerfallen, den oben beschriebenen Vorgang zu verstehen. Das sind diejenigen, die oft mit Scheuklappen herumlaufen, immer wieder an Wände stoßen, sich aufrappeln und an die nächste Wand stoßen. Sie sind sehr einfallsreich bei der Erklärung des Zwecks und der Bedeutung der Wände. Viele Menschen haben keine Ahnung, dass die Wand verschwinden kann, wenn sie ihre Perspektive auf das Leben auf dem Planeten Erde verändern.

Seid ihr jemals an eine Wand gestoßen und habt dann jäh angehalten, um nie mehr zu versuchen, vorwärts zu kommen? Wenn ihr aufgebt, bringt euch das nirgends hin, außer dass ihr bemitleidenswert oder frustrierter seid. Wie oft habt ihr eine mögliche Antwort auf eine sehr tiefe Frage "weg erklärt", "das wurde euch in der Schule nicht beigebracht," oder "das kommt in meinem besonderen Heiligen Buch nicht vor," oder "das kann unmöglich die Antwort sein, weil....."? Diese Momente der Engstirnigkeit sind verpasste Gelegenheiten, eure Weisheit und eure Bewusstseinsstufe zu erweitern. Denkt daran, wenn ihr euren Kopf mehrfach gegen die Wand stoßt, verschwindet die Wand dadurch nicht und sie fällt auch nicht zusammen. Die Wand bleibt und ihr werdet nur weiterhin verschrammt und ramponiert.

Ihr könntet natürlich auch so tun, als ob die Wand nicht existiert. - eine weitere brillante Alternative. Diejenigen, die sich für diesen Weg entscheiden, laufen einfach immer wieder in demselben Kreis der Glaubensvorstellungen herum. Habt ihr schon einmal den Ausdruck "Sprung in der Platte" gehört? Das beschreibt die Situation, wenn ihr immer und immer wieder dieselbe unpassende Antwort gebt, dass sogar der Pavlov'sche Hund damit nicht einverstanden wäre. Schließlich konnte der Hund herausfinden, wie man eine Antwort wählt, die keinen Schmerz auslöste und die mit Fressen belohnt wurde und veränderte so seine Perspektive auf seine gegenwärtigen Umstände. Tiere folgen naturgemäß ihrer Intuition. Und Menschen? Tja, das ist eine andere Geschichte.

Wie beginnt man nun der intuitiven Weisheit in seinem Herzen zuzuhören? Ihr könnt damit anfangen, eure Seele zu bitten, euch wo sie kann zu unterstützen. Eure Seele kennt euch sehr gut und wird euch Vorschläge machen bezüglich eures persönlichen Fortschritts und eures spirituellen Wachstums, wenn ihr nur zuhören würdet. Ihr könnt auch die geistige Welt bitten, euch zu helfen, dass ihr euch all dem öffnet, das vor euch verborgen wurde. Damit es für euch möglich war, in der physischen Form zu sein, war es erforderlich, dass ihr eure wahre göttliche Herkunft vergesst. Das machte es leichter für euch, in der Gänze das Sein als dreidimensionaler Mensch hier auf dem Planeten Erde zu erleben. Das ist einer der Gründe, warum ihr bis jetzt noch nicht erwacht seid – zu der ausgedehnteren Natur eures Seins – wegen der "Schleier des Vergessens", die zeitweise die Wahrheit verdecken. Bittet darum, dass sie fortgenommen werden.

Die Zeit ist jetzt für uns gekommen, unsere Macht wieder zurückzunehmen und unseren Weg durch diese Schleier des Vergessens zu finden. So viele glauben, dass selbst wenn sie die Macht hätten, sie nicht wüssten, wie sie sie einsetzen sollen oder dass sie sie vielleicht sogar missbrauchen würden. Sicher, ein jeder von euch hat seine Macht einmal missbraucht in der Vergangenheit, und die Erinnerung daran macht euch noch viel mehr Angst, eure Macht zurückzufordern und jetzt die Wahrheit auszusprechen.

Schaut in den Spiegel und fragt euch: „Was hält mich davon ab, meine Macht zurückzufordern und die Wahrheit auszusprechen?“ Wann habt ihr euch das letzte Mal für einen Bruder oder eine Schwester eingesetzt, die in Schwierigkeiten waren und sich selbst nicht helfen konnten? Wann habe ich das letzte Mal jemandem in die Augen geblickt und gesagt: "Ich liebe dich, bedingungslos"? Verurteilt euer Verstand neue Denkweisen oder läuft er vor ihnen davon, so schnell eure Füße euch tragen können? Oder begrüßt ihr neues Denken mit offenen Armen? Ist jede Handlung in eurem Leben von Integrität getragen? Und wenn nicht, warum? Könnt ihr wirklich eurem Schöpfer entgegentreten mit dem Selbstvertrauen, dass ihr euer Bestmögliches gegeben habt?

Wenn ihr diese Fragen beantwortet, geht ihr da an eurem Herzen vorbei und verbleibt in der Angst, oder lauscht ihr der noch leisen Stimme in euch, die nur die Wahrheit spricht? Wenn ihr noch nicht auf eure Intuition gehört habt, benötigt ihr wahrscheinlich tiefgehende Heilung und ein Umdenken darüber, wie ihr von nun an euer Leben führen werdet. Wie lange dieser Übergang dauern wird, hängt davon ab, wie schnell ihr bereit seid, anzufangen, die Wahrheit zu sprechen und Integrität und Liebe wieder anzunehmen.

Die Liebe herrscht uneingeschränkt in eurem Herzen. Die Liebe regiert in den Himmeln und im gesamten Universum. Die Liebe lebt und ist gut, von hier bis in die Ewigkeit. Es ist der Herzschlag von Allem-Was-Ist. Manchmal verdrehen wir Menschen die Liebe, machen sie zu Hass, Gier, Eifersucht und dergleichen. Wie oft habt ihr nach Liebe geschrien und habt etwas bekommen, das geringer war?

"Bedingungslose Liebe" ist um die Auffassung "Gott in mir erkennt Gott in dir" herum gebaut. Wenn ihr sagt "Ich liebe dich", meint ihr, dass ihr die Seele in der Person ebenso wie ihren physischen Körper liebt? Der Zustand des Verstehens kann von allen erreicht werden und ist direkt mit dem Einssein aller Dinge verknüpft. Manche verbringen viele Jahre damit daran zu arbeiten, diesen Ort des Verstehens zu erreichen. Andere kommen ganz natürlich dahin.

Ein anderer Ausdruck von Liebe ist "bedingte Liebe", die einem anderen sagt "Ich werde dich lieben, wenn du das und das für mich tust." Bei dieser Art der Liebe ist oftmals Manipulation und Kontrolle im Spiel. Zwischen diesen beiden Gegensätzen gibt es viele andere "Abstufungen der Liebe".

Der beste Weg deines Herzens, mit dir zu sprechen ist, wenn du seine Sprache sprichst, die auf bedingungsloser Liebe begründet ist. Wenn die Beziehung zu deinem Herzen heil ist, kannst du anfangen, dem zu vertrauen, was es sagt, weil du weißt, dass dein Herz seinen liebsten Freund niemals belügen würde, der nebenbei bemerkt du bist.

Kapitel 5

Vertrauen und Liebe

Um bedingungslose Liebe zu erfahren, müsst ihr auch Freundschaft mit dem Vertrauen schließen. Die folgende Geschichte zeigt diesen Punkt sehr gut.

Die Geschichte beginnt in einem Stall, der viele Pferde beherbergte. Die Leute kamen von überall in dieser Gegend, um diese Pferde zu kaufen, während andere kamen um zu verstehen, was diese Rasse fortwährend so außergewöhnlich machte. Ein Pferd jedoch schien bei der Übergabe der hervorragenden Gene ausgelassen worden zu sein. Ihr Name war Lily. Lily war gedrungener als die anderen Pferde und hatte sehr wenig von den exquisiten physischen Eigenschaften ihrer Geschwister. Lily hatte jedoch etwas, mit dem keines der anderen Pferde ausgestattet war, und das war die Fähigkeit, Menschen zu lieben von dem Moment an, in dem sie sie sah – ausnahmslos jede einzelne Person, der sie begegnete.

Lilys Besitzer war sehr interessiert daran zu erfahren, wie sie es schaffte, die Herzen ihrer Besucher zu gewinnen. Er schloss einen besonderen Vertrag mit sich selbst, herauszufinden, was sie so anders machte. Nachdem er über Wochen jede Bewegung von Lily beobachtet hatte, war er immer noch verwirrt. Sie fraß dasselbe wie die anderen, hatte dieselben Möglichkeiten der Bewegung und wurde in gleicher Weise versorgt und betreut wie die anderen. Widerstrebend legte er seine Notizen beiseite und ging wieder seinen täglichen Pflichten nach, immer noch im Unklaren darüber, was er so sehr wissen wollte.

Eines Tages kam ein ortsansässiger Priester, der von den Stadtleuten von dem jungen Wunderpferd erfahren hatte, zu den Ställen, um Lily zu sehen. Wie der Besitzer wollte der Priester wissen, warum jeder so sehr in dieses Pferd verliebt war. Nachdem er einige Stunden damit verbracht hatte, Lily und ihr Zusammenspiel mit ihrer Umgebung zu beobachten, meinte der Priester, dass er die Lösung gefunden hätte. Weil er große Achtung für den Besitzer der Pferde empfand, entschied er sich, zuerst mit ihm über das zu sprechen, was er herausgefunden hatte.

Der Besitzer und der Priester setzten sich zusammen mit einem Glas kalter Limonade in den Schatten und begannen, über Lily zu sprechen. Nachdem der Priester Näheres vom Besitzer über das Leben des jungen Pferdes erfahren hatte, war er sich noch sicherer, dass er die Antwort gefunden hätte. Der Besitzer wurde sehr still, als der Priester ihm seine Vermutungen mitteilte. Der Priester schaute in die Augen des Besitzers und fragte: "Haben Sie länger in Lilys Augen geschaut?"

"Nein," sagte der Besitzer, "ich war mehr daran interessiert, was sie tat als das, worauf sie schaute." "Hmmmm, das ist sehr interessant," sagte der Priester, "haben Sie herausgefunden, was sie glücklich macht?" "Nein," sagte der Besitzer, "ich war mehr daran interessiert, was sie von den anderen Pferden unterschied." "Auch sehr interessant," sagte der Priester. Dann war er sehr still und dachte lange nach, bevor er wieder anfing, zu sprechen.

"Was Sie hier haben, ist ein Pferd, das die Bedeutung von bedingungsloser Liebe kennt. Aufgrund von diesem unschätzbarem Wissen hat sie absolutes Vertrauen in jeden Menschen und in jedes Tier, mit dem sie tagtäglich in Berührung kommt. Weil sie so liebevoll und munter in ihrem Spiel ist, kommt niemand auf den Gedanken, ihr in irgendeiner Weise Schaden zuzufügen, weil sie wissen, dass sie keinerlei Bedrohung darstellt. Sie vertrauen ihr blind. Tatsächlich lehrt sie sie mit jedem Atemzug die bedingungslose Liebe. Können Sie verstehen, wie das funktioniert?"

Diesmal war der Besitzer lange still, bevor er dem Priester antwortete. „Tatsächlich war es in letzter Zeit einfacher, mit den Pferden umzugehen und die Neueren konnten leichter zugeritten werden. Hat das irgendetwas zu tun mit dieser bedingungslosen Liebe, von der Sie da erzählen?"

"Ich glaube, Sie haben verstanden, worauf ich hinaus will, nicht wahr?" sagte der Priester. "Vielleicht sollten wir uns von diesem kleinen liebevollen Pferd unterrichten lassen darüber, wie wir das Leben leichter und angenehmer für uns selbst machen können, glauben Sie nicht?"

Sie lachten und lachten bis sie Tränen in ihren Augen hatten. Schließlich, als der Besitzer endlich wieder sprechen konnte, sagte er zu dem Priester: "Was für eine einfache Art, sein Leben zu leben – so einfach, dass wir brillanten Menschen dies von einem Pferd lernen mussten!"

Kapitel 6

Demut als Stärke

Die Integrität von vielen, die auf der Erde an der Macht sind, ist heute weit von der Integrität des Pferdes entfernt, von dem wir gerade gehört haben. Die Menschen sagen oft das eine und tun das Gegenteil, geben anderen die Schuld, dass sie schwierige Situationen schaffen, jedoch nicht sich selbst. Wahrheit hat oft nichts mit den Entscheidungen der hochrangigen Individuen zu tun, die meist mehr damit beschäftigt sind, ihren Wohlstand und ihre Machtpositionen zu erhalten, als für eine bessere Gesellschaft zu wirken. Das kann nicht mehr lange so bleiben. Am Ende werden die Menschen hinter die Lügen schauen. Eine Regierungsführung ist weitaus effektiver, wenn die Führenden sich in erster Linie um die Menschen kümmern und erst dann um ihre Geldbeutel. Führer, die Frieden, Harmonie und Gleichgewicht in allen Aspekten ihres Lebens schätzen, sind dieselben Führer, die demütig genug sind zuzugeben, dass sie nicht alle Antworten haben. Sie begrüßen die, die mit neuen innovativen Ideen und Erfindungen zu ihnen kommen, und stellen sie sogar ein.

Ihr lebt auf einem Planeten mit sehr kreativen, intellektuellen, starken Männern, Frauen und Kindern. Es gibt nichts, was ihr nicht tun könnt, wenn ihr es euch einmal in den Kopf gesetzt habt. Es gibt eine progressive geistige Haltung, die, einmal freigesetzt, buchstäblich alle Probleme der Welt lösen kann. Es gibt auch viele Menschen unter euch, die ihre täglichen Entscheidungen danach treffen, was das Beste für alle Beteiligten ist. Es gibt diejenigen, die am Abend mit einem Lächeln auf dem Gesicht schlafen gehen, die sich auf den nächsten Tag freuen – ohne Ängste oder Reue. Diese liebevollen Menschen verstehen die Konsequenzen ihrer Handlungen. Sie wissen, dass das, was sie aussenden, zu ihnen zurückkommen wird. Sie sind ebenfalls demütig genug zu wissen, dass das Beherrschen der Welt niemandem dient.

Diejenigen, die nicht für das höchste Gute von allen arbeiten, leben oft noch im alten Paradigma von Angst, Gier und Macht. Sie glauben, dass der einzige Weg zum Erfolg darüber führt, dass man der größte, reichste, fieseste und klügste Mensch der Welt ist. Um diesen Status zu behalten, muss man ständig kämpfen, um das zu beschützen, was man schon erreicht hat. Oft verdingen, beschwatzen oder zwingen sie buchstäblich die weniger glücklichen, ungebildeten Massen, für sie zu kämpfen, während sie weiter um diese begehrte Position der großen Macht wetteifern. Diese Machthaber haben schon immer alles getan, um Macht zu gewinnen und denken nicht daran, diese aufzugeben. Sie haben Angst davor, dass innovative Ideen sie umstürzen oder verdrängen könnten, deshalb erlauben sie diesen Ideen nicht, an Boden zu gewinnen. Daher kommt die Einstellung: "Alles, was unsere Machtposition bedroht, darf nicht geschehen."

Aufgrund dieser Einstellung sind viele innovative Schöpfer oder Erfinder weltweit bedroht worden, wenn sie ihre Projekte öffentlich bekannt gemacht haben. Zum Beispiel können Energieversorger es sich nicht leisten, die Menschen wissen zu lassen, dass Geräte für freie Energie verfügbar sind und bereit stehen zum Verkauf. Die großen Öl-Multis wollen nicht, dass Autos konzipiert werden, die weniger oder gar kein Benzin brauchen. Oft sind die Schöpfer oder Erfinder gezwungen, entweder ihre Ideen solange geheim zu halten, bis es sicher ist, sie der Öffentlichkeit zu präsentieren, oder es endet damit, dass sie ihre Patente für einen Bruchteil verkaufen, um zu überleben. Das ermöglicht den Machthabern, gierig ihre Überlegenheitsposition zu behalten.

Liebe, Respekt, Wahrheit und Demut wurden von denen, die sich im Machtkampf verstrickt haben, übelst herabgesetzt. Jemand, der sein Leben auf diese Qualitäten ausrichtet, wird oft als schwach und ineffektiv angesehen – ein leichtes Ziel für diejenigen, die ein Leben in Macht und Manipulation leben. Wo doch tatsächlich diejenigen mit Integrität die sind, die in der Lage sein werden, alte Muster zu verändern und neue Wege des Zusammenlebens in Frieden, Liebe und Harmonie zu erschaffen.

"Wie konnten wir uns so weit von der Wahrheit in unseren Beziehungen untereinander entfernen?", werdet ihr nun vielleicht fragen. "Was können wir tun, um diese Situation zu verändern?" Als Verbraucher habt ihr die ultimative Macht. Ihr könnt jede Firma mit eurem Ausgabeverhalten hochbringen oder zerbrechen. Daher ist es wichtig für Verbraucher zu wissen, welche Firma

Integrität besitzt und welche nicht. Egal, wie schwierig das erscheinen mag, es ist das, was getan werden muss, um das Gleichgewicht in euren Städten und Ländern in der ganzen Welt wiederherzustellen.

Ihr könnt vielleicht ein paar Lektionen von euren Vorfahren lernen, die vor Äonen auf diesem Planeten gelebt haben. Ich, Thoth, würde euch gerne in eine Zeit mit zurücknehmen, mit der ich sehr vertraut bin, kurz bevor die Inseln von Atlantis im Atlantischen Ozean verschwanden. Während der letzten Jahre von Atlantis zogen viele meiner Leute es vor, die Götter von Gier und Habsucht anzubeten, was buchstäblich alles zerstörte, soweit das Auge sehen konnte.

Nach dieser Zerstörung ging ich nach Khem. Dort lebten die Menschen in Höhlen und wurden wütend, als sie uns sahen. Ich half ihnen schließlich, eine Zivilisation zu schaffen, die der einstigen Großartigkeit von Atlantis nahe kam. Diese Geschichte wird in den folgenden Versen der *Smaragdtafeln* teilweise erzählt.

> Ich, Thoth, der Atlanter,
> Meister der Mysterien, Verwalter der Aufzeichnungen,
> mächtiger König und Magier,
> der von Generation zu Generation lebt,
> teile meine Erfahrungen des großen Atlantis,
> um die zu führen, die nach mir kommen.
> In der großen Stadt Keor,

auf der Insel Undal,
lebte ich in einer längst vergangenen Zeit.
Die mächtigen von Atlantis lebten und starben nicht
wie die kleinen Menschen von heute,
sondern lebten von Zeitalter zu Zeitalter.
Sie erneuerten ihr Leben in den Hallen von Amenti,
wo der Fluss des Lebens ewiglich weiterfließt.

Hunderte von Malen stieg ich den dunklen Weg hinunter,
der ins Licht führt.
Und genauso viele Male stieg ich wieder herauf
von der Dunkelheit ins Licht,
meine Stärke und meine Kraft erneuert.

Nun werde ich für eine Zeit hinuntergehen,
und die Menschen von Khem werden
mich nicht mehr kennen.
Aber in einer noch unbekannten Zeit
werde ich wieder hinaufsteigen, stark und mächtig,
und Rechenschaft fordern von denen,
die ich zurück ließ.

Dann nehmt euch in Acht, oh Männer von Khem,
wenn ihr meine Lehren verraten habt,
denn ich werde euch von eurem hohen Stand
herunterstoßen in die Dunkelheit der Höhlen,
aus denen ihr kamt.
Verratet meine Geheimnisse nicht.

Gebt sie nicht weiter an die Menschen des Nordens
oder die Menschen des Südens.
Denkt an meine Worte und befolgt sie,
denn ich werde sicher wiederkehren
und Auskunft fordern über das, was ihr getan habt.
Ich werde selbst von jenseits der Zeiten und
von jenseits des Todes wiederkehren.
[Thoth kehrte nach vielen Jahren wieder und
brachte ihnen die Smaragdtafeln.]

Die Menschen der alten Zeit waren großartig,
großartiger als die kleinen Menschen,
die mich jetzt umgeben,
sich vorstellen können;
sie kannten noch die alte Weisheit,
suchten weit im Herzen der Unendlichkeit
das Wissen, das von den frühen Tagen der Erde erzählt.

Weise waren wir
mit der Weisheit der Kinder des Lichtes,
die unter uns weilten.
Stark waren wir mit der Kraft,
die wir aus dem Ewigen Feuer zogen.

Und unter all jenen war der Größte
unter den Kindern der Menschen
mein Vater, Thotme,
Verwalter des großen Tempels von Unal,

der Verbindung zwischen den Kindern des Lichtes
und den Rassen der Menschen, die auf den zehn
Inseln wohnten.

Thotme war das Sprachrohr, zusammen mit den dreien,
des Residenten von Unal.
Er sprach zu Königen mit der Stimme,
der zu gehorchen war.

Dort wuchs ich heran vom Kind zum Mann,
von meinem Vater in den alten Geheimnissen
unterrichtet.
Bis im Laufe der Zeit das Feuer der Weisheit in mir
wuchs, das in einer alles verzehrenden Flamme aufging.

Das Erlangen von Weisheit war alles, was ich begehrte,
bis eines großen Tages der Befehl des Residenten des
Tempels kam,
dass ich vor ihn gebracht werden sollte.
Wenige unter den Kindern der Menschen
hatten sein mächtiges Antlitz geschaut und weitergelebt.

Die Söhne der Menschen sind Kinder des Lichtes
in einem physischen Körper inkarniert.
Ich wurde erwählt unter den Söhnen der Menschen;
unterrichtet vom Residenten,
so dass seine Ziele erfüllt wurden.
Ein Ziel das einst im Schoße der Zeit geboren wurde.
Lange Jahre studierte ich im Tempel,

erlangte mehr und mehr Weisheit,
bis auch ich eines Tages mich dem Licht näherte,
das vom Großen Feuer ausging.
Der Resident lehrte mich den Pfad nach Amenti,
der Unterwelt, in der der große König
auf seinem Thron der Macht sitzt.

Tief verbeugte ich mich dort voll Ehrerbietung
vor den Herren des Lebens und den Herren des Todes
und erhielt als Geschenk den Schlüssel des Lebens.
Ich war nun befreit von den Hallen von Amenti,
nicht mehr gebunden an den Tod
im Kreislauf des Lebens.

Ich reiste weit zu den Sternen
bis Raum und Zeit verschwanden.
Dann, als ich ausgiebig vom Kelch der Weisheit gekostet
hatte, schaute ich in die Herzen der Menschen.
Dort fand ich noch größere Geheimnisse und
war beglückt, denn nur in der Suche nach der Wahrheit
konnte meine Seele befriedigt
und die innere Flamme gelöscht werden.

Ich lebte durch die Zeitalter und sah,
wie diejenigen um mich herum
den Kelch des Todes kosteten
und wiederkehrten zum Licht des Lebens.
Nach und nach vergingen die Wellen des Bewusstseins
aus den Königreichen von Atlantis,

die einst gleichen Sinnes mit mir gewesen waren,
nur um von einem niedereren Geist ersetzt zu werden.

Im Einklang mit dem Gesetz
kam das Wort des Meisters zur Blüte.
Die Gedanken der Atlanter sanken tiefer und tiefer
in die Dunkelheit,
bis der Resident schließlich in seinem Zorn
sich aus seinem Agwanti erhob,
das Wort sprach und die Macht rief.

Tief im Herzen der Erde
hörten die Söhne von Amenti den Residenten.
Und als sie es hörten, bewirkten sie eine Veränderung
in der Frequenz der Blume des Feuers, das ewig brennt,
indem sie wandelten und verschoben,
den Logos benutzend,
bis das Große Feuer flackerte
und sich alles veränderte, was einst in Atlantis war.

Daraufhin brachen die großen Wasser über Atlantis
herein, und überschwemmten und versenkten alles,
und veränderten das Gleichgewicht der Erde,
bis nur noch der Tempel des Lichtes übrig blieb,
der auf dem großen Berg von Undal stand,
und noch immer aus dem Wasser schaute.
Dort befanden sich einige, die noch lebten,
die sich vor dem Anschwellen des Ozeans
gerettet hatten.

Daraufhin rief mich der Meister und sagte mir:
"Sammle mein Volk zusammen
und bringe sie mit Hilfe der Künste,
die du gelernt hast, weit über das Wasser,
bis ihr das Land der Menschen erreicht,
die in den Höhlen der Wüste wohnen
und folge dem dir bekannten Plan."

Ich sammelte diese Menschen ein
und betrat das große Schiff des Meisters.
Wir stiegen auf in den Morgen.
Unter uns lag dunkel der Tempel,
über den plötzlich die Wasser stiegen.
Der große Tempel verschwand vom Antlitz der Erde
bis zu der vorherbestimmen Zeit.

Als wir zum Tempel liefen, wankte und bebte der Boden unter uns. Wir schafften es gerade zum Raumschiff, als der letzte Berg auf Atlantis von den Wellen des Ozeans verschlungen wurde. Dieser große Verlust war so überwältigend für alle, dass ich kaum das Schiff bedienen konnte, mit dem ich schon viele Male geflogen war. Stellt euch vor, wie so ein prachtvoller Ort einfach vor euren Augen verschwindet. Dieser Moment wird auf immer im Gedächtnis der wenigen bleiben, die mit mir bei diesem tragischen Ereignis zusammen waren. Heute befindet ihr euch hier auf dem Planeten Erde wieder am Rande derselben Katastrophe, die Wirklichkeit zu werden droht. Deshalb ist es so wichtig, dass ihr eure Realität in eine verwandelt, in der ihr mitfühlender, respektvoller und liebevoller miteinander und mit allen Aspekten der Schöpfung umgeht.

> Schnell flohen wir in Richtung der Sonne des Morgens
> (Osten),
> bis unter unserem Schiff das Land der Kinder von
> Khem auftauchte.
> Rasend kamen sie mit Lanzen und Speeren,
> von Wut übermannt versuchten sie
> die Söhne von Atlantis zu ermorden und
> vollständig zu vernichten.
>
> Da erhob ich meinen Stab und richtete einen
> Energiestrahl auf sie,
> der sie wie Steinbrocken vom Berg
> in der Bewegung erstarren ließ.
> Dann sprach ich zu ihnen mit ruhigen und friedvollen
> Worten und erzählte ihnen von der Macht von Atlantis,
> dass wir Kinder der Sonne und ihre Boten waren.
> Ich versetzte sie in Erstaunen mit meinen
> magisch-wissenschaftlichen Künsten.
> Als ich sie wieder frei ließ
> krochen sie zu meinen Füßen.

Nach dieser Vorführung waren sie demütige Diener unserer Sache. Sie wussten viel über ihre Umgebung – über Nahrungs- und Wasserquellen, Gefahren, derer man sich bewusst sein musste, die hierarchische Struktur der Stämme und vieles mehr.

All das waren unglaublich wichtige Informationen, die sie uns gerne mitteilten, als wir uns in ihrem Gebiet niederließen – ein Dienst, für den wir sehr dankbar waren. Wir wurden sehr bald gute Freunde und mit ihrer bereitwilligen Hilfe Mitschöpfer einer weit fortgeschrittenen Gesellschaft. Es gab Dankbarkeit auf beiden Seiten, als wir demütig vor dem Wissen des anderen standen. Diese Haltung machte es uns möglich, unsere persönlichen Talente gemeinsam für das Wohl des Ganzen einzusetzen.

Lange lebten wir in Khem,
schafften Großes durch die Weisheit in mir.
Dem Licht des Wissens entgegen,
wuchsen die Kinder von Khem,
benetzt vom Regen meiner Weisheit.

Dann sprengte ich einen Pfad nach Amenti,
so dass ich meine Kräfte bewahren
und von Zeitalter zu Zeitalter leben konnte,
ein Sohn von Atlantis,
der die Weisheit und die Aufzeichnungen bewahrte.

Folgend den Weisungen des Meisters,
der, obwohl er schläft, doch ewig lebt,
sandte ich die Söhne von Atlantis
von Khem aus in viele Richtungen der Welt,
so dass aus dem Schoße der Zeit
die Weisheit wieder in ihren Kindern emporsteige.

Großartig entwickelten sich die Söhne von Khem,
eroberten die umliegenden Völker
und entwickelten langsam ihre Seelenstärke.
Nun werde ich sie für eine Zeit verlassen,
um in die Hallen von Amenti zu gehen,
die tief unter der Erde liegen,
vor die Herren der Mächte,
nochmals von Angesicht zu Angesicht mit
dem Residenten.

Hoch über dem Eingang errichtete ich ein Tor,
ein Weg, der hinunter nach Amenti führt.
Wenige würden den Mut haben, ihn zu wagen,
wenige werden das Portal zur dunklen Amenti
durchschreiten.

Über dem Durchgang nach Amenti
errichtete ich eine mächtige Pyramide
[die Große Pyramide],
indem ich die Kraft benutzte,
die die Erdkraft [Schwerkraft] überwindet.
Unsagbar tief in der Erde
erbaute ich ein Kraftwerk bzw. eine Kammer.
Von hier aus arbeitete ich einen kreisförmigen Gang
heraus, der fast den großen Scheitelpunkt erreichte.
Dort in die Spitze platzierte ich einen Kristall,
der einen Strahl ins Weltall sandte
und die Kraft aus dem Äther zog
und sich auf den Eingang zu Amenti richtete.

Ich baute weitere Kammern,
die ich scheinbar leer ließ,
doch verborgen in ihnen sind die Schlüssel zu Amenti.
Wer mutig genug ist,
den Weg in die dunklen Reiche zu wagen,
möge sich zunächst durch langes Fasten reinigen.
Dann lege er sich in dem Steinsarg in meiner Kammer
nieder, [Die Königskammer in der Großen Pyramide]
wo ich ihm die großen Geheimnisse offenbaren werde.
Bald wird er wissen, wo ich ihn treffen werde,
in der Dunkelheit der Erde.
Ich, Thoth, der Herr der Weisheit,
werde ihn treffen und ihn halten
und immer bei ihm weilen.

Ich baute die Große Pyramide,
nach dem Vorbild der Pyramide der Erdkraft,
welche ewig brennt,
damit auch sie die Zeitalter überdauern möge.
Dort baute ich mein Wissen
der magischen Wissenschaften ein,
damit es noch existiert,
wenn ich wieder von Amenti zurückkehre.

Während ich in den Hallen von Amenti schlafe,
wird meine Seele, die sich frei bewegt,
inkarnieren und unter den Menschen
in der einen oder anderen Form leben.

Ich bin der Abgesandte des Residenten auf der Erde
und führe seine Anordnungen aus,
damit das Bewusstsein des Menschen sich erhebe.

Nun kehre ich in die Hallen von Amenti zurück
und lasse einen Teil meiner Weisheit hier.
Bewahrt und haltet euch an die Anordnungen
des Residenten.
Hört nicht auf, eure Augen nach oben auf das Licht
zu richten.

Gewiss wirst du zu gegebener Zeit eins werden
mit dem Meister.
Gewiss ist es dein Recht, eins mit dem Meister zu sein.
Gewiss ist es dein Recht, eins mit Allem zu sein.

Ich werde nun für einige Zeit nach Amenti herabsteigen
und die Menschen von Khem werden mich nicht
mehr kennen.
Seid mit meinen Anordnungen vertraut,
haltet sie ein und seid sie,
und ich werde bei euch sein,
um euch zu helfen und euch in das Licht zu führen.

Nun öffnet sich vor mir das Portal.
Ich gehe hinunter in die Dunkelheit der Nacht.

Kapitel 7

Magie und Integrität

Jeden Tag geht das Leben weiter. Es scheint, als ob niemand sich darum schert, wer was tut, solange, bis jemand verletzt wird oder jemandem Unrecht getan wurde. Dann nehmen Nothelfer ihre Plätze ein, Rechtsanwälte verfassen Papiere, Nachrichtenagenturen berichten, Eltern weinen und unsereins frägt sich, warum so etwas überhaupt zugelassen wurde.

Zulassen ist hier der Schlüssel. In welcher Weise zulassen? Der größte Teil der Menschheit hofft das Beste, bereitet sich aber für das Schlimmste vor. Ist das wirklich die beste Art, sein Leben zu führen? Der Friede ist hier nur eine Option, nicht das erwartete Endresultat. Es scheint, als ob mehr Zeit damit verbracht wird, Krieg zu führen, als damit, Frieden zu schließen. Was sagt das nun über die Menschen von heute aus? Wie viele von ihnen verstehen, dass sie die Schöpfer des Lebens sind, das sie nun führen?

Erinnert ihr euch an das "Gentleman's Agreement" *(Absprache unter Ehrenleuten, A.d.Übers.)*, bei dem ein Handschlag alles war, was man brauchte, um einen Handel abzuschließen? Nun benötigt ihr dafür langatmige juristische Verträge, in denen alle möglichen Optionen und Fallstricke für jede mögliche Situation aufgeführt sind, bevor ihr weitermachen könnt. Das ist das, wozu das Leben heute geworden ist, ein Schwall von Worten auf Papier geschrieben, um euch davon abzuhalten, euch gegenseitig zu verletzen oder zu missachten.

Warum brauchen wir Worte auf Papier, um uns davon abzuhalten, uns gegenseitig zu missachten? Was ist mit den guten Sitten und dem Wunsch, anderen in Not zu helfen passiert? Warum wird gezögert, anderen zu helfen? Warum wenden Menschen sich von Situationen ab, die durch ihre Anwesenheit und ihr Augenmerk verbessert werden könnten? Wann wird dieser Teufelskreis der Gefühllosigkeit enden?

Angst-basiertes Denken hat unsere Herzen verschlossen und macht es schwerer, an unsere Gefühle heranzukommen. Wenn jeder einfach nur sein Herz öffnen und die Hilfe, die ihm möglich ist, einem anderen weniger Glücklichen anbieten würde, wäre die Erde ein Ort voller liebender, einfühlsamer, rücksichtsvoller Individuen, die tatsächlich mehr zurückbekommen als sie geben. Das Universum funktioniert so – man erntet, was man sät und die Ernte wird auf ihrem "Rückweg" noch vervielfältigt.

Was sagt euer Herz über das Helfen von Menschen? Wann habt ihr euch diese Frage das letzte Mal gestellt? In jedem von euch lebt eine Person von großer Integrität, die weiß, was falsch und was richtig ist. Diese Person weiß auch, wie sie die Dinge um sich herum verbessern kann. Was fehlt sind nicht Talent und Wissen. Das Problem liegt in der Angst davor, aus seinem Wohlfühlbereich herauszukommen und denjenigen, die sich selbst nicht helfen können, eine helfende Hand zu reichen. Wenn die Menschen das tun, geschieht Magie; Augen leuchten; Gesichter erstrahlen; Synchronizität geschieht und alles ist gut in diesem kleinen Bereich der Welt.

Vielleicht möchtest du dir ein Versprechen geben, dass du jeden Tag jemandem in irgendeiner Form helfen wirst. Manchmal kann diese Hilfe auch nur darin bestehen, ein Lächeln oder gutes Benehmen zu erwidern. Wiederholte kleine Gesten werden schließlich zu positiven Einstellungen, die euch für den Rest eures Lebens verfolgen. Was für eine großartige Möglichkeit, die Welt zu verändern!

Höre auf die Weisheit der Magie,
das Wissen lang vergessener Kräfte.
Vor langer, langer Zeit, nach den Tagen des ersten
Menschen, begann der Krieg zwischen Dunkelheit
und Licht.

Der Mensch hatte damals wie heute in sich
die Dunkelheit und das Licht.
Während in den einen die Dunkelheit herrschte,
war die Seele der anderen mit Licht erfüllt.
Uralt ist dieser Krieg,
der ewige Kampf zwischen Dunkelheit und Licht.
Verbissen wird er ausgefochten durch alle Zeiten,
unbekannte Kräfte werden eingesetzt,
die dem Menschen verborgen sind.

Viele waren erfüllt von der Schwärze,
immer kämpfend gegen das Licht;
doch andere, von Glanz erfüllt,
haben stets die Dunkelheit der Nacht überwunden.
Wo immer ihr auch seid in allen Zeiten und Ebenen,
sicherlich wisst ihr von dem Kampf mit dem Licht.

Vor langer Zeit stiegen die Söhne des Morgens herab
und fanden die Welt voller Dunkelheit.
In dieser Vergangenheit begann der Kampf,
der uralte Kampf zwischen Dunkelheit und Licht.

So viele waren in jener Zeit erfüllt von Dunkelheit,
dass die Flamme des Lichtes schwach brannte in
der Nacht.

Es gab einige Meister der Dunkelheit, die danach
trachteten, alles mit ihrer Finsternis zu erfüllen
und andere in ihre Nacht zu ziehen.
Die Meister, die von Glanz erfüllt,
hielten dem Kampf mit der Dunkelheit der Nacht
auf's Schärfste stand.
Die Brüder der Dunkelheit versuchten stets
die Fesseln zu straffen, die Ketten,
die die Menschen an die Dunkelheit der Nacht binden.
Sie nutzten immer die dunkle Magie,
die zu den Menschen gebracht wurde
von der Macht der Finsternis,
Magie, die des Menschen Seele in Finsternis hüllt.

Zusammengerottet waren die Brüder der Dunkelheit
die Gegenspieler der Kinder der Menschen
durch die Zeitalter hindurch.
Sie bewegten sich stets
im Geheimen und im Verborgenen,
entdeckt, und doch nicht entdeckt
von den Kindern der Menschen.
Unaufhörlich gingen und arbeiteten sie in der Finsternis,
verbargen sich vor dem Licht
in der Dunkelheit der Nacht.
Im Stillen und im Geheimen nutzten sie ihre Macht,
um die Seelen der Menschen zu versklaven und
zu binden.
Ungesehen kommen sie und ungesehen gehen sie;
Der Mensch rief sie von unten in seiner Unwissenheit.

Dunkel ist der Weg, den die dunklen Brüder gehen,
dunkel mit einer Dunkelheit, die nicht von der Nacht ist.
Während sie auf der Erde wandeln,
gehen sie durch die Träume der Menschen.
Macht haben sie erlangt aus der Dunkelheit, die sie
umgibt, andere Bewohner aus ihrer Ebene zu rufen
auf Weisen, die dunkel sind und unerkannt vom
Menschen.

Bis in das Bewusstsein des Menschen reichen die
dunklen Brüder.
Sie umhüllen es mit dem Schleier ihrer Nacht.

Dann verweilt diese Seele in Knechtschaft auf Lebenszeit,
gebunden durch die Fesseln und den Schleier der Nacht.
Mächtig sind sie im verbotenen Wissen,
es ist verboten und eins mit der Nacht.

Hört meine Warnung;
seid frei von der Knechtschaft der Nacht.
Liefert eure Seele nicht den Brüdern der Dunkelheit aus.
Wisset, dass euer Kummer nur durch den
Schleier der Nacht kam.
Gebt acht auf meine Warnung,
strebt stets aufwärts und
wendet eure Seelen dem Licht zu.
Die Brüder der Dunkelheit suchen jene,
die den Weg des Lichtes gehen.
Sie wissen genau, dass die, die schon
weit auf ihrem Weg der Sonne entgegengegangen sind,
größere Macht haben,
um die Kinder des Lichtes mit Dunkelheit zu binden.
Hört den, der zu euch kommt, an,
doch prüft seine Worte sorgfältig,
ob sie des Lichtes sind.
Denn es gibt viele,
die in dunkler Strahlkraft wandern
und doch keine Kinder des Lichtes sind.

Es ist leicht, ihrem Weg zu folgen,
doch hört meine Warnung;

das Licht kommt nur zu dem, der danach strebt.
Der Weg, der zu Weisheit führt, ist beschwerlich.
Der Weg, der zum Licht führt, ist beschwerlich.
Ihr werdet viele Steine auf eurem Weg finden;
viele Berge, die ihr dem Licht entgegen
erklimmen müsst.

Doch der, der die Schwierigkeiten überwindet,
wird frei sein auf dem Weg des Lichtes.
Denn wisset, am Ende muss das Licht siegen
und die Dunkelheit der Nacht wird aus dem
Licht verbannt.

Hört und gebt acht auf diese Weisheit
auch wenn Dunkelheit ist, so ist auch Licht.

Wenn die Dunkelheit verbannt ist und
alle Schleier fort sind,
wird das Licht aus der Dunkelheit erstrahlen.
Die Brüder des Lichtes sind die Gegenspieler
der Brüder der Dunkelheit,
sie versuchen die Menschen von der Nacht
zu befreien.
Sie besitzen Kräfte, stark und mächtig;
sie kennen das Gesetz, dem die Planeten gehorchen.
Sie arbeiten stets in Harmonie und Ordnung
und befreien die Seele des Menschen von seiner
Knechtschaft der Nacht.

Auch die Brüder des Lichtes bewegen sich
im Stillen und im Geheimen,
und sind den Kindern der Menschen nicht bekannt.
Doch wisset, dass sie immer bei euch sind,
um den Kindern der Menschen den Weg zu zeigen.
Unaufhörlich bekämpften sie die dunklen Brüder,
besiegt und besiegend in Zeiten ohne Ende.
Und doch wird das Licht am Ende immer herrschen,
und vertreiben die Dunkelheit der Nacht.

Wisset, dass die Kinder des Lichtes
stets an eurer Seite sind.
Meister der Sonnenkraft sind sie,
unsichtbar, und doch Beschützer der Menschen.
Ihr Weg steht allen offen,
allen denjenigen, die im Licht wandeln wollen.
Sie sind frei von den Hallen von Amenti,
frei von den Hallen, wo das Leben
uneingeschränkt herrscht.

Sie sind Sonnen und Herren des Morgens,
Kinder des Lichtes, um unter den Menschen
zu leuchten.
Sie sind wie Menschen und doch nicht wie sie,
sie waren nie getrennt in der Vergangenheit.
Eins waren sie in ewigem Einssein,
durch den ganzen Raum hindurch seit Beginn der Zeit.

Sie kamen herauf in Einheit mit dem All-Einen,
herauf aus dem ersten Raum,
geformt und doch nicht geformt.
Sie gaben dem Menschen Geheimnisse,
die ihn behüten und schützen sollen vor allem Schaden.
Wer den Weg des Meisters gehen will,
muss frei sein von der Knechtschaft der Nacht.
Er muss das Formlose und das Phantom der Angst
besiegen und Wissen erlangen aus allen Geheimnissen.
Er muss den Weg gehen, der durch die Dunkelheit führt,
doch immer sich das Licht als sein Ziel vor Augen halten.
Er wird große Hindernisse auf dem Weg überwinden
müssen, während er weiter strebt zum Licht der Sonne.

Wisset, dass die Sonne das Zeichen des Lichtes ist,
das am Ende eures Weges leuchtet.
Nun werde ich euch die Geheimnisse mitteilen,
wie der dunklen Macht zu begegnen ist,
wie der Furcht vor der Nacht zu begegnen und
wie sie zu besiegen ist.
Nur durch Wissen könnt ihr siegen.
Nur durch Wissen könnt ihr das Licht haben.
Nun gebe ich euch das Wissen, das den Meistern bekannt
ist, das Wissen, das alle dunklen Ängste besiegt.

Gebraucht diese Weisheit, die ich euch gebe,
um Meister zu sein über die Brüder der Nacht.
Wenn ihr euch zum dunklen Tor hingezogen fühlt,

prüft euer Herz und findet heraus,
ob dieses Gefühl, das ihr habt, aus dem Herzen kommt.
Wenn ihr erkennt, dass die Dunkelheit
in euren Gedanken ist, verbannt sie von dort.
Schickt durch euren Körper eine Schwingungswelle,
zuerst unregelmäßig und dann regelmäßig,
und wiederholt es so lange, bis ihr frei seid.
Beginnt die Kraft der Welle im Zentrum eures Gehirns.
Lenkt sie in Wellen von eurem Kopf bis zu den Füßen.

Doch wenn ihr merkt, dass euer Herz
noch nicht verdunkelt ist,
seid versichert, dass eine Kraft des Lichtes
auf euch gerichtet ist.
Nur durch Wissen könnt ihr überwinden.
Nur durch Wissen könnt ihr hoffen, frei zu sein.
Wissen bringt Weisheit und Weisheit ist Macht.
Erlangt sie, und ihr werdet Macht über alles haben.

Sucht zunächst einen Ort, der umhüllt ist
mit Dunkelheit.
Zeichnet einen Kreis um euch.
Stellt euch aufrecht in die Mitte des Kreises.
Benutzt diese Formel, die ich euch geben werde,
und ihr werdet frei sein.

Erhebt eure Hände zum dunklen Raum über euch.
Schließt eure Augen und lasst das Licht in euch
einströmen.

Ruft den Geist des Lichtes durch die Raumzeit,
benutzt dabei diese Worte und ihr werdet frei sein.
"Fülle meinen Körper, oh Geist des Lebens,
fülle meinen Körper mit dem Geist des Lichtes.
Komm' von der Blume, die durch die Dunkelheit scheint,
komm' aus den Hallen, wo die Sieben Herren regieren."

Nennt die Sieben beim Namen,
"DREI, VIER, FÜNF, und SECHS, SIEBEN, ACHT, NEUN.
Ich rufe euch bei euren Namen, mir zu helfen;
befreit mich und rettet mich vor der Dunkelheit
der Nacht,

Untanas, Quertas, Chiatel,
und Goyana, Heurtal, Semveta, Ardal.
Bei euren Namen flehe ich euch an,
befreit mich von der Dunkelheit
und erfüllt mich mit Licht."

Wisset, dass, wenn ihr dies getan habt,
ihr frei sein werdet von den Fesseln,
mit denen ihr gebunden seid.
Werft ab die Knechtschaft der Brüder der Nacht.
Wisset, dass diese Namen die Macht haben,
durch Schwingung die bindenden Fesseln zu lösen.
Benutzt sie bei Bedarf, eure Brüder zu befreien,
damit auch sie aus der Nacht herauskommen.
Du bist der Helfer deines Bruders,
lass ihn nicht in der Knechtschaft der Nacht liegen.

Nun gebe ich euch meine Magie.
Nehmt sie und wandelt auf dem Pfad des Lichtes.

Licht und Leben gebe ich euch.
Mögt ihr eine Sonne sein im höheren Kreislauf.

Kapitel 8

Die Hallen von Amenti

Als Menschen auf dem Planeten Erde sind wir alle an einem sehr interessanten Tanz beteiligt, der uns über die Jahre in unterschiedliche Bewusstseinsebenen gebracht hat. Einmal warst du vielleicht ein Wunderkind mit vorzüglichen Fähigkeiten und Talenten, an die du dich erinnert hast und die du von einem früheren Leben mitgebracht hast. In einem anderen Leben warst du vielleicht ein Dienstbote, weggesperrt in den Gemächern eines Königs oder einer Königin, ohne auf deine persönlichen Gaben und Talente zugreifen zu können. Vielleicht warst du ein Forscher, der Gebiete entdeckt hat, die noch auf keiner Karte verzeichnet waren oder der alte Zivilisationen aus längst vergangenen Zeiten enthüllte. Dein Entdeckerdrang führte dich, jeden einzelnen Schritt deines Weges, egal welchen Herausforderungen du dich stellen musstest.

Während meiner spirituellen Ausbildung vor vielen Jahren begann ich die Geheimnisse des Universums und darüber hinaus zu erforschen. Es war mein Wunsch, alles, was mir möglich war, über Alles-Was-Ist zu verstehen. Dieser Weg war meine große Leidenschaft – sie trieb mich bis an das Ende der Zeit selbst und in die Bereiche der Nicht-Zeit, wo Gesetz und Ordnung die Struktur der Schöpfung zusammenhalten.

Als ich mich in die Magie der Schöpfung selbst vertiefte, wurde ich zu einem sehr interessanten Ort gebracht, genannt die Hallen von Amenti, die sich weit unter der Oberfläche der Erde befinden, dort, wo die Zeit nicht existiert. Das ist der Ort, wo die kalte Blume des Lichtes und des Lebens brennt. Um dort Zutritt gewährt zu bekommen, muss man jemand sein, dessen Absichten und spirituelles Wissen lupenrein sind. In diesen Hallen sind die Kinder des Lichtes abgesondert. Ihre Aufgabe ist es, das Licht für die Kinder der Menschen aufrechtzuerhalten, die auf der Oberfläche dieses Planeten leben. Die Kinder des Lichtes und die Kinder der Menschen sind in der Tat ein und dasselbe, und doch existieren sie getrennt voneinander. Und nun folge mir, um noch besser das zu verstehen, was du in den Hallen von Amenti entdecken kannst.

Tief im Herzen der Erde liegen die Hallen von Amenti,
weit unter der Erdkruste,
die Hallen der Toten und die Hallen der Lebenden,
gebadet im Feuer der Blume des Lebens.

In einer lang vergangenen Zeit, verloren in der Raum-
Zeit, schauten die Kinder des Lichtes auf die Welt
und sahen die Kinder der Menschen in ihrer
Knechtschaft, gebunden von der Kraft,
die von jenseits kam.
Sie wussten, sich nur aus der Dunkelheit zu erheben
wäre möglich, wenn sie befreit sind aus der Knechtschaft.

So stiegen sie herab und erschufen Körper,
ähnlich wie die der Menschen.
Die Kinder des Lichtes sprachen,
nachdem sie Form angenommen hatten:
"Wir sind die, die aus dem Staub des Raumes geformt
sind, wir haben teil am Leben des unendlichen Ganzen,
wir leben in der Welt als Kinder der Menschen,
den Kindern der Menschen gleich und doch nicht gleich."

Für einen Ort des Wohnens tief unter der Erdkruste,
sprengten sie mit ihrer Kraft Räume heraus,
abseits der Menschenkinder.
Nebeneinander schufen sie weitere Räume,
und füllten sie mit Leben und mit Licht von oben.
Dann bauten sie die Hallen von Amenti,
auf dass sie dort ewig wohnen mögen,
ein Leben führen bis ans Ende der Ewigkeit.

Dreißig und zwei waren die Kinder des Lichtes,
die unter die Menschen gekommen waren,
welche versuchten, sie von der Knechtschaft der
Dunkelheit zu befreien,
da sie von der Kraft von jenseits gebunden waren.
Hier waren sie umgeben von Kräften und Mächten,
die sie schützten vor den Hallen des Todes.

Tief in den Hallen des Lebens wuchs eine Blume,
flammend, sich ausdehnend, die Nacht zurückdrängend.

In der Mitte platzierten sie einen Strahl
von großer Macht,
Leben spendend, Licht spendend,
der alle, die in seine Nähe kamen, mit Kraft erfüllte.
Um ihn herum stellten sie Throne, dreißig und zwei,
Plätze für jedes der Kinder des Lichtes,
so dass sie im Strahlen badeten,
angefüllt mit Leben aus dem ewigen Licht.

Dort platzierten sie wieder und wieder
ihre erst erschaffenen Körper,
auf dass sie mit Licht erfüllt sein mögen.
Einhundert Jahre von jedem Jahrtausend
musste das lebenspendende Licht
ihre Körper bestrahlen,
den Geist des Lebens beschleunigend
und erweckend.

Von Äon zu Äon sitzen dort die Großen Meister
in dem Kreis und leben ein Leben,
das den Menschen unbekannt ist.
Dort in den Hallen des Lebens liegen sie im Schlaf;
ihre Seele fließt frei durch die Körper der Menschen.
Wieder und wieder inkarnieren die Großen Meister
in den Körpern der Menschen,
während ihre Körper im Schlaf liegen,
lehrend und leitend, vorwärts und aufwärts,
aus der Dunkelheit und in das Licht.

Dort in der Halle des Lebens,
sitzen die Kinder des Lichtes,
erfüllt mit ihrer Weisheit,
unbekannt den Rassen der Menschen,
ewig lebend um das kalte Feuer des Lichtes.
Zu Zeiten erwachen sie,
und kommen aus den Tiefen,
um Lichter unter den Menschen zu sein.
Unbegrenzt sind sie unter den begrenzten Menschen.

Wer fortgeschritten ist und der Dunkelheit entwachsen,
wer sich selbst von der Nacht in das Licht gehoben hat,
ist frei von den Hallen von Amenti,
ist frei von der Blume des Lichtes und des Lebens.
Geleitet wird er von Weisheit und Wissen,
wenn er übergeht vom Menschen zu einem Meister
des Lebens.
Dort möge er wohnen, als einer unter den Meistern,
frei von den Fesseln der Dunkelheit der Nacht.

In der kalten Blume des Glanzes
sitzen sieben Herren der Kreisläufe
aus den Raum-Zeiten über uns,
helfend und führend durch unendliche Weisheit,
auf dem Weg der Kinder der Menschen durch die Zeit.
Mächtig und fremdartig sind sie,
verhüllt in ihrer Macht,
still, allwissend, zapfen sie die Lebenskraft,

anders und doch eins mit den Kindern der Menschen,
anders und doch eins mit den Kindern des Lichtes.

Hüter und Beobachter der Knechtschaft des Menschen,
bereit, fortzugehen, sobald das Licht erreicht wurde.
Als erster und mächtigster sitzt in verhüllter Gegenwart
der Herr der Herren, die unendliche Neun,
über den anderen aus jedem kosmischen Zyklus,
und prüft und beobachtet den Fortschritt der Menschen.

Unter ihm sitzen die Herren der Zyklen,
Drei, Vier, Fünf und Sechs, Sieben, Acht,
jeder mit seinem Auftrag, jeder mit seinen Kräften,
das Schicksal der Menschen führend und leitend.
Dort sitzen sie, mächtig und stark,
frei von aller Zeit und allem Raum.
Sie sind nicht von dieser Welt,
und doch mit ihr verwandt,
sie sind die älteren Brüder der Kinder der Menschen,
sie urteilen und prüfen mit ihrer Weisheit
und beobachten den Fortschritt des Lichtes
unter den Menschen.

Vor sie wurde ich von dem Residenten geführt,
sah zu, wie er eins wurde mit einem von oben,
dann ertönte seine Stimme:
"Groß bist du, Thoth, unter den Kindern der Menschen,
frei bist du von nun an von den Hallen von Amenti,

ein Meister des Lebens unter den
Kindern der Menschen.
Du wirst den Tod nicht schmecken,
es sei denn, du willst es.
Trinke das Leben bis ans Ende der Unendlichkeit.
Für immer soll das Leben dein sein.

Der Tod ist in deiner Macht.
Verweile hier oder verlasse diesen Ort,
wenn du es wünschst.
Frei ist Amenti für den Sohn der Menschen.
Gestalte dein Leben nach deinen Wünschen,
Kind des Lichtes, das unter den Menschen
aufgewachsen ist.
Wähle dein Werk, denn alle müssen arbeiten
und löse dich niemals vom Pfad des Lichtes.

Einen Schritt hast du gemeistert
auf dem langen Weg nach oben,
unendlich ist nun der Berg des Lichtes.
Jeder Schritt, den du gehst,
macht den Berg nur höher;
all dein Fortschritt verlängert nur das Ziel;
je näher du der unendlichen Weisheit kommst,
desto mehr weicht das Ziel vor dir zurück.
Befreit bist du nun von den Hallen von Amenti,
um Hand in Hand mit den Herren der Welt zu wandeln,
eins zu einem Zweck, gemeinsam

das Licht den Kindern der Menschen zu bringen."
Dann kam einer der Meister herunter von seinem Thron,
er nahm meine Hand und führte mich weiter
durch alle Hallen des tief verborgenen Landes.
Er führte mich durch die Hallen von Amenti
und zeigte mir die Geheimnisse,
die die Menschen nicht kennen.
Durch den dunklen Gang, hinunter führte er mich,
in die Halle, in der der dunkle Tod sitzt.
Weit wie der Raum lag die große Halle vor mir,
die Wände aus Dunkelheit und doch gefüllt mit Licht.

Vor mir erhob sich ein großer Thron der Dunkelheit,
auf dem eine Gestalt der Nacht saß.
Die Gestalt, die da saß, war dunkler als die Dunkelheit,
dunkel von einer Dunkelheit,
die nicht von der Nacht war.
Dann blieb der Meister vor ihm stehen,
sprach das Wort, das Leben bringt, und sagte:
"Oh Herr der Dunkelheit,
Führer auf dem Weg vom Leben in den Tod,
ich bringe vor dich einen Sohn des Morgens.
Berühre ihn niemals mehr mit der Macht der Nacht.
Rufe seine Flamme nicht in die Dunkelheit der Nacht.
Erkenne ihn und sehe ihn als einen unserer Brüder,
erhoben von der Dunkelheit in das Licht.
Erlöse seine Flamme von ihrer Knechtschaft,
lasse sie frei scheinen durch die Dunkelheit der Nacht."

Dann hob die dunkle Gestalt ihre Hand.
Eine Flamme schoss hervor, klar und hell,
und drängte den Vorhang der Dunkelheit eilig zurück.
Entschleiert wurde die Halle von der Dunkelheit
der Nacht.

Darauf wuchs in dem großen Raum vor mir
Flamme auf Flamme aus dem Schleier der Nacht.
Millionen und Aber-Millionen tanzten vor mir,
einige lodernd wie Feuerblumen.
Andere warfen einen trüben Glanz,
schwach glühend aus der Nacht.
Einige verblassten schnell;
andere erwuchsen aus einem kleinen Lichtfunken.
Jeder war umgeben von seinem schwachen Schleier der
Dunkelheit, und doch brennend mit einem Licht,
das niemals gelöscht werden konnte.
Kommend und gehend wie Leuchtkäfer im Frühling,
erfüllten sie den Raum mit Licht und mit Leben.

Dann erklang eine mächtige und feierliche Stimme,
die sprach:
"Diese Lichter sind die Seelen von Menschen,
wachsend und schwindend, für immer im Sein,
wandelnd und doch lebend,
durch Tod und Leben hindurch.
Wenn sie erblüht sind, den Zenit des Wachstums
ihres Lebens erreicht haben,

dann sende ich geschwind meinen Schleier der
Dunkelheit, verhülle und wandle sie zu neuen
Lebensformen.

Stetig hinauf durch die Zeitalter hindurch wachsend,
sich ausdehnend in wieder eine andere Flamme,
die Dunkelheit durchleuchtend mit noch größerer Kraft,
unterdrückt und doch nicht gelöscht vom Schleier der
Nacht.
So wächst die Seele des Menschen stetig aufwärts,
unterdrückt und doch nicht gelöscht von der Dunkelheit
der Nacht.

Ich, der Tod, komme, doch verweile ich nicht,
denn das ewige Leben existiert in allem.
Ich bin nur ein Hindernis auf dem Weg,
und werde schnell überwunden vom ewigen Licht.
Erwache, oh Flamme, die ewig im Inneren brennt,
brich hervor und besiege den Schleier der Nacht."

Dann inmitten der Flammen in der Dunkelheit
wuchs eine, die die Nacht vertrieb,
brennend, sich ausbreitend, immer heller,
bis schließlich nur Licht übrig blieb.
Da sprach die Stimme des Meisters:
"Sieh deine eigene Seele, wie sie im Licht wächst,
sie ist nun für immer frei von dem Herrn der Nacht."

Er führte mich weiter durch viele Räume,
die gefüllt waren mit den Geheimnissen der Kinder des Lichtes; Geheimnisse, die der Mensch erst kennen wird,
wenn auch er ein Sohn des Lichtes ist.
Dann führte er mich wieder zurück
in die Halle des Lichtes.

Dort kniete ich vor den Großen Meistern nieder,
den Herren von Allem aus den Zyklen über uns.
Darauf sprach er mit Worten großer Macht:
"Du bist von den Hallen von Amenti befreit worden.
Wähle deine Aufgabe unter den Kindern der Menschen."

Dann sprach ich:
"Oh Großer Meister, lass mich ein Lehrer für die Menschen sein,
der sie vorwärts und aufwärts führt,
bis auch sie Lichter unter den Menschen sind,
befreit vom Schleier der Nacht, der sie umgibt,
strahlend mit dem Licht, das unter den Menschen scheinen soll."

Darauf sprach die Stimme zu mir,
"Geh, deinem Wunsch wird entsprochen.
So sei es verfügt.
Du bist Meister deines Schicksals,
frei zu nehmen oder abzulehnen nach Belieben.

Nimm die Macht,
nimm die Weisheit.
Leuchte als ein Licht
unter den Kindern der Menschen."

Aufwärts führte mich dann der Resident.
Ich lebte wieder unter den Kindern der Menschen,
ich lehrte sie und zeigte ihnen einiges von meiner
Weisheit, ein Sohn des Lichtes,
ein Feuer unter den Menschen.

Nun gehe ich wieder den Pfad hinunter,
und suche das Licht in der Dunkelheit der Nacht.
Haltet und bewahrt diese Aufzeichnung,
sie soll Führung sein für die Kinder der Menschen.

Kapitel 9

Die sieben Herren der Zyklen

Viele Menschen haben keine Vorstellung davon, was es über ihre alltägliche physische Erfahrung hinaus für Möglichkeiten gibt. Viel Wissen, Macht und Weisheit kann man erlangen, wenn man bereit ist, das Unbekannte zu erforschen. Es ist überaus wichtig, das Terrain zu kennen, weil ein falsches Abbiegen Chaos zur Folge haben kann. Während du andere Bewusstseinsbereiche erforschst, kannst du unterwegs auf viele unterschiedliche Wesen oder Quellen von großer Macht treffen, so wie die sieben Herren der Zyklen. Jeder der Herren versteht und erfährt alle Möglichkeiten, die innerhalb seines persönlichen Bereiches liegen. Sie sind "Bewusstseinseinheiten, die von den anderen geschickt wurden, um dem Menschen beizubringen, wie man sich mit dem Wissen von Allem verbindet. Jeder hat eine Aufgabe zu erfüllen und eine Kraft zu kontrollieren."

Es ist wichtig, soviel wie möglich über sie zu wissen, bevor du in ihren Herrschaftsbereich eintrittst. Hast du das alles gelernt, bitte um Hilfe und ich, Thoth, werde antworten. Es ist mir eine Freude, dich in noch unbekannte Bereiche zu führen, um größeres Verständnis zu erlangen. Um mehr über die Herren der Zyklen in Erfahrung zu bringen, bitte ich dich, weiterzulesen.

Gib acht und lausche meiner Stimme.
Öffne den Raum deines Verstandes und trinke von
meiner Weisheit.
Dunkel ist der Pfad des Lebens, auf dem du gehst,
so viele Fallstricke liegen dir im Weg.
Trachte immer danach, größere Weisheit zu erlangen.
Erreiche dein Ziel, und sei ein Licht auf deinem Weg.

Öffne deine Seele der kosmischen Energie
und lass sie fließen, damit sie eins wird mit deiner Seele.
Das Licht ist ewig und die Dunkelheit vergänglich.
Trachte immer nach dem Licht.
Wisse, so wie das Licht dein Sein erfüllt,
wird die Dunkelheit für dich schnell verschwinden.

Öffne deine Seele für die Brüder des Glanzes;
lass sie dich mit Licht erfüllen.

Erhebe deine Augen zum Licht des Kosmos.
Richte dich immer auf dein Ziel aus.
Nur wenn du das Licht aller Weisheit erlangst,
wirst du eins sein mit dem unendlichen Ziel.
Trachte immer nach dem ewigen Einssein.
Trachte immer nach dem Licht.

Licht ist unendlich und Licht ist endlich;
durch die Dunkelheit getrennt ist der Mensch.
Versuche den Schleier der Dunkelheit zu zerreißen.
Bringe alles im Einssein zusammen.

Gib acht und hör zu;
sing das Lied des Lichtes und des Lebens.
Im ganzen Raum herrscht das Licht,
alles umfassend mit seinen Flammenbannern.
Wenn du für immer unter dem Schleier der Dunkelheit
suchst, irgendwo wirst du mit Sicherheit Licht finden.
Verborgen und begraben, dem Wissen der Menschen
verloren, tief im Endlichen existiert das Unendliche.
Verloren, aber doch noch da, fließend durch alle Dinge,
in allem lebend ist das unendliche Bewusstsein.

Im ganzen Raum sind alle Dinge eins.
Obwohl sie getrennt erscheinen, sind sie eins.
Alles, was existiert, kommt aus dem Licht,
und das Licht kommt aus Allem.

Die gesamte Schöpfung beruht auf Ordnung.
Das Gesetz regiert den Raum, wo das Unendliche wohnt.
Die großen Zyklen kamen aus der Ausgeglichenheit,
sie bewegen sich in Harmonie auf das Ende der
Unendlichkeit zu.

Wisse, dass weit in Raum und Zeit
die Unendlichkeit selbst eine Veränderung erfahren wird.
Höre und lausche auf die Stimme der Weisheit.
Wisse, dass Alles immerdar von Allem ist.
Wisse, dass du im Laufe der Zeit Weisheit erlangen
und immer mehr Licht finden kannst auf deinem Weg.

Vor langer Zeit stand ich, Thoth,
vor den Herren der Zyklen in den Hallen von Amenti.
Mächtig sind sie in ihrem Aspekt der Macht;
mächtig sind sie in ihrer unverschleierten Weisheit.
Geführt von dem Residenten sah ich sie das erste Mal.
Danach war ich unabhängig von ihrer Gegenwart,
frei, ihre Klausur nach Belieben zu betreten.
Oft ging ich den dunklen Gang hinunter
in die Hallen, wo das Licht glüht.

Ich lernte von den Meistern der Zyklen Weisheit,
die aus den Zyklen über uns gebracht wurde,
Wissen, das aus der Ganzheit der Unendlichkeit kommt.
Viele Fragen stellte ich den Herren der Zyklen.
Groß war die Weisheit, die sie mir gaben.
Nun gebe ich diese Weisheit an dich weiter,
die aus der Flamme des Feuers der Unendlichkeit
gezogen wurde.

Tief in den dunklen Hallen sitzen die Sieben,
Bewusstseinseinheiten aus höheren Zyklen.
Sie manifestieren sich in diesem Zyklus
als Führer des Menschen zum Wissen des Ganzen.
Sieben sind sie, stark in der Macht,
sie sprechen diese Worte durch mich zu den Menschen.
Immer wieder stand ich vor ihnen,
und lauschte ihren tonlosen Worten.

Einmal sagten sie zu mir,
"Willst du Weisheit erlangen?
Suche danach im Herzen der Flamme.
Willst du Wissen und Macht erlangen?
Suche danach im Herzen der Flamme.
Willst du eins sein mit dem Herzen der Flamme?
Dann suche in deiner eigenen verborgenen Flamme."

Viele Male sprachen sie zu mir.
Lehrten mich Weisheit, die nicht von dieser Welt war.
Sie zeigten mir neue Wege in das Licht,
sie gaben mir Kenntnis von den Zusammenhängen,
lehrten mich das Gesetz und die Ordnung in allem.

Wieder sprachen die Sieben zu mir und sagten,
"Von weit jenseits der Zeit sind wir gekommen,
vom Ort am Ende der Unendlichkeit.
Als du und alle deine Brüder formlos waren,
wurden wir schon geformt von der Ordnung von allem.
Nicht wie die Menschen sind wir,
doch einst waren auch wir Menschen.
Aus der großen Leere wurden wir geformt
in der Ordnung und vom Gesetz.
Das was wahrhaft geformt wurde ist formlos,
und hat nur in deinen Augen eine Form."

Und wieder sprachen die Sieben zu mir und sagten,
"Ein Kind des Lichtes bist du, oh Thoth,

frei, den hellen Pfad aufwärts zu gehen,
bis am Ende alle eins geworden sind.
Wir wurden geformt nach unserer Ordnung,
DREI, VIER, FÜNF, und SECHS, SIEBEN, ACHT, NEUN.
Wisse, dass dies die Nummern von Zyklen sind,
die wir den Menschen bringen;
jeder von uns hat hier eine Aufgabe zu erfüllen,
jeder von uns hat eine Kraft zu kontrollieren.
Wir sind eins mit der Seele unseres Zyklus.
Auch wir suchen ein Ziel.

Weit jenseits des Vorstellungsvermögens des Menschen
dehnt sich die Unendlichkeit aus in ein größeres Ganzes.
Dort, in einer Zeit, die doch keine Zeit ist,
werden wir alle eins werden
mit einem größeren Ganzen.
Zeit und Raum bewegen sich in Kreisläufen.
Kenne ihre Gesetze, dann wirst auch du frei sein.
Du wirst frei sein, dich durch die Zyklen zu bewegen,
an den Wächtern vorbei, die an der Tür wohnen".

Dann sprach NEUN zu mir und sagte:
"Äonen über Äonen habe ich existiert,
kannte weder Leben noch Tod.
Wisse, dass in der fernen Zukunft
das Leben und der Tod eins sein werden
mit dem Ganzen.

Das eine so perfekt ausgeglichen mit dem anderen,
dass keiner von beiden in der Einheit des Ganzen
existiert.
In den Menschen aus diesem Zyklus
ist die Lebenskraft ungezügelt,
doch das Leben in seinem Wachstum
wird eins mit dem Ganzen.
Hier manifestiere ich mich in diesem deinem Zyklus,
und doch bin ich dort in der Zukunft deiner Zeit.
In meiner Welt gibt es keine Zeit.

Wir sind formlos.
Wir haben keine Leben, doch existieren wir,
voller und größer und freier als du.
Der Mensch ist eine Flamme,
gebunden an einen Berg (Erde),
doch wir in unserem Zyklus werden immer frei sein.
Wisse, dass wenn du dich in einen Zyklus
hinein entwickelt hast,
der sich über dir erstreckt,
wird das Leben selbst in die Dunkelheit übergehen
und nur die Essenz der Seele wird bleiben".

Dann sprach zu mir die ACHT und sagte:
"Alles, was du weißt, ist Teil nur von Wenigem;
das Große hast du noch nicht berührt.
Weit entfernt im Raum, wo das Licht all waltend herrscht,
kam ich in das Licht.

Ich wurde auch geformt, aber nicht wie du.
Meine formlose Form war ein Körper aus Licht.
Ich kenne das Licht und nicht den Tod,
und doch bin ich Meister von allem, was existiert.
Suche den Weg durch die Grenzen;
geh die Straße, die in das Licht führt."

NEUN sprach abermals zu mir und sagte,
"Suche den Weg, der nach drüben führt.
Es ist nicht unmöglich,
in ein höheres Bewusstsein hineinzuwachsen.
Wenn zwei eins geworden sind
und einer eins mit dem Ganzen geworden ist,
dann wisse, dass die Grenze aufgehoben wurde
und du befreit wurdest vom Weg.
Wachse von der Form in das Formlose,
und du wirst frei sein vom Weg."

Durch die Zeitalter hindurch hörte ich zu
und lernte den Weg in das Ganze.
Nun erhebe ich mein Denken zum Ganzen.
Ich lausche und höre, wenn es ruft.
"Oh Licht, das alles durchdringt,
eins mit allem und alles mit einem,
fließe zu mir durch den Kanal.
Tritt ein, damit ich frei bin.
Mache mich eins mit der All-Seele,
die aus der Schwärze der Nacht scheint.

Frei lass mich sein von Raum und Zeit,
frei von dem Schleier der Nacht.
Ich, ein Kind des Lichtes,
verfüge frei zu sein von der Dunkelheit."

Als Lichtseele bin ich formlos,
formlos und doch strahlend mit Licht.
Ich weiß, dass die Ketten der Dunkelheit
vor dem Licht zerbrechen und fallen müssen.

Nun gebe ich diese Weisheit weiter.
Frei mögest du sein, oh Mensch,
im Licht und im Glanze leben;
wende dich nicht ab vom Licht.
Deine Seele weilt in den Bereichen des Glanzes.
Du bist ein Kind des Lichtes.

Wende dein Denken nach innen, nicht nach außen.
Finde die Lichtseele im Inneren.
Wisse, dass du der Meister bist.
Alles andere kommt aus dem Inneren.
Dehne dich aus in die Bereiche des Glanzes.
Halte deine Gedanken auf das Licht gerichtet.
Wisse, du bist eins mit dem Kosmos,
eine Flamme und ein Kind des Lichtes.

Und nun gebe ich dir eine Warnung;
lass deine Gedanken sich nicht abwenden.

Wisse, dass der Glanz durch deinen Körper fließt.
Wende dich nicht den dunklen Brüdern zu.
Halte deine Augen immer nach oben gerichtet,
deine Seele im Einklang mit dem Licht.

Nimm diese Weisheit und beachte sie.
Hör auf meine Stimme und gehorche.
Folge dem Pfad in das Licht,
und du wirst eins sein mit dem Pfad.

Kapitel 10

Der Raumgeborene

Wie oft hast du dich danach gesehnt, die Himmel, die Sterne, die Planeten und das, was darüber hinaus liegt, zu erforschen? Nur eure Astronauten konnten soweit reisen. Ich, Thoth, hatte das Privileg, das Universum so zu entdecken, wie es eure privilegierten Astronauten noch nicht erleben konnten. Denn ich habe die Sterne aus erster Hand gesehen, bin auf vielen und in vielen Planeten gewesen, habe mit ihren Bewohnern gesprochen, habe beobachtet, wie Planeten erschaffen wurden und bestaunte die Wunder, die überall zutage traten. Lies genau, und du wirst einiges von dem lernen, was du brauchst, um diese Wunder und noch mehr zu erforschen.

Hör auf die Stimme der Weisheit,
hör auf die Stimme von Thoth, dem Atlanter.
Gerne gebe ich meine Weisheit weiter an dich,
die gesammelt wurde in der Zeit
und in dem Raum dieses Zyklus.
Herr der Mysterien, Sohn des Morgens,
ewiglich lebend, ein Kind des Lichtes,
hell strahlend, wie ein Stern des Morgens.
Thoth, der Lehrer der Menschen,
repräsentiert die Ganzheit.

Vor langer Zeit, als ich noch ein Kind war,
lag ich unter den Sternen auf dem lang schon
begrabenen Atlantis,und träumte von für Menschen
unvorstellbaren Geheimnissen.
Da wuchs in meinem Herzen eine große Sehnsucht,
den Pfad zu erobern, der zu den Sternen führt.
Jahr für Jahr suchte ich nach Weisheit,
suchte neues Wissen und folgte meinem Weg,
bis schließlich meine Seele in großer Mühe
sich aus der Knechtschaft befreite und entsprang.

Befreit war ich nun von der Knechtschaft der Menschen
der Erde, befreit vom Körper, schoss ich durch die Nacht.
Offen war für mich jetzt endlich der Sternenraum;
ich war frei von der Knechtschaft der Nacht.
Bis ans Ende des Raumes suchte ich nach Weisheit,
weit jenseits des Wissens der endlichen Menschen.
Weit in den Raum reiste meine Seele in Freiheit,
in den Lichtkreislauf der Unendlichkeit.
Fremd, jenseits allen Wissens, waren einige der Planeten,
groß und gigantisch, jenseits der Träume der Menschen.
Und doch fand ich das Gesetz, in all seiner Schönheit,
wirkend unter und in ihnen,
genau wie hier unter den Menschen.

Meine Seele schnellte weiter durch
die Schönheit der Unendlichkeit;
weit durch den Raum flog ich mit meinen Gedanken.

Und ruhte dort auf einem Planeten voll Schönheit;
harmonische Weisen erfüllten die Luft.
Da waren Gestalten, sich geordnet bewegend,
groß und majestätisch wie Sterne in der Nacht
in geordnetem Gleichgewicht,
Symbole des Kosmischen, gleich dem Gesetz.

An vielen Sternen kam ich vorüber auf meiner Reise,
mit vielen Menschenrassen auf ihren Welten,
einige streckten sich aufwärts wie Sterne des Morgens,
einige fielen tief in die Schwärze der Nacht.
Jeder einzelne von ihnen kämpfte sich nach oben,
Höhen gewinnend und Tiefen auslotend,
zuweilen bewegten sie sich in Bereichen des Glanzes,
manchmal lebten sie durch Dunkelheit, um das Licht zu gewinnen.

Wisse, dass das Licht dein Erbe ist.
Wisse, dass die Dunkelheit nur ein Schleier ist.
In deinem Herzen versiegelt ist ewige Leuchtkraft,
die auf den Moment der Freiheit wartet, um zu siegen,
die darauf wartet, durch den Schleier der Nacht herauszukommen.

Einige fand ich, die den Äther bezwungen hatten;
befreit vom Raum, doch waren sie immer noch Menschen.

Sie benutzten die Kraft, die die Grundlage von allen
Dingen ist, und bauten einen Planeten weit im Raum
mit der Kraft, die durch das Ganze fließt,
den Äther verdichtend, zusammenballend zu Formen,
die nach ihrem Willen wuchsen.

All diese Rassen wussten mehr, viel mehr,
als das, was deine Rasse Wissenschaft nennt,
sie waren mächtig in Weisheit,
sie waren Söhne der Sterne.
Lange blieb ich dort und beobachtete ihre Weisheit,
sah, wie sie aus dem Äther gigantische Städte
in Rosa und Gold schufen,
geformt aus dem Urelement,
das die Grundlage aller Materie ist.

Vor sehr langer Zeit hatten sie den Äther bezwungen
und sich selbst aus der Knechtschaft der Mühe befreit.
In ihrem Geist formten sie nur ein Bild,
das dann im Äther wuchs und gedeiht,
so entstand im Nu ein jedes Bild.

Meine Seele raste durch den Kosmos,
sah neue und alte Dinge
und erkannte, dass der Mensch wahrhaftig
ein Raumgeborener ist,
ein Sohn der Sonne, ein Kind der Sterne.
Wisse, dass welche Form auch immer du bewohnst,

sie ist mit Sicherheit eins mit den Sternen.
Eure Körper sind wie Planeten,
die um ihre zentralen Sonnen kreisen.
Wenn du das Licht aller Weisheit erlangt hast,
wirst du frei sein, im Äther zu leuchten,
als eine der Sonnen, die die äußere Dunkelheit erhellen,
einer der ins Licht aufgestiegenen Raumgeborenen.

So wie die Sterne im Laufe der Zeit
ihre Strahlkraft verlieren,
wenn ihr Licht in die Große Quelle eingeht,
so strebt deine Seele vorwärts
und lässt die Dunkelheit der Nacht hinter sich.

Du wurdest aus dem Ur-Äther geformt,
angefüllt mit der Strahlkraft, die aus der Quelle fließt,
gebunden durch den Äther,
der um dich herum zusammengeballt wurde,
und doch bist du immer eine Flamme, die frei lebt.
Erhebe deine Flamme aus der Dunkelheit,
fliege aus der Nacht und du wirst frei sein.

Als ich durch Raum und Zeit reiste,
wusste ich, dass meine Seele nun endlich frei war
und dass ich nun nach Weisheit streben durfte.
Bis ich schließlich auf eine Ebene kam,
jenseits unseres Wissens, der Weisheit unbekannt,
eine Ausweitung jenseits von allem, was wir wissen.

Als ich dies nun wusste, war meine Seele glücklich,
denn jetzt war ich frei.
Höre, Raumgeborener, meine Weisheit.
Wisse, dass auch du frei bist.
Höre erneut meine Weisheit,
denn wenn du sie hörst, kannst du leben und frei sein.
Du bist nicht von der Erde,
denn du bist ein Kind des unendlichen kosmischen
Lichtes. Kennst du dein Erbe?
Weißt du, dass du wahrlich ein Sohn
der großen Sonne bist?
Wenn du Weisheit erlangst,
wirst du dir deiner Verwandtschaft mit dem Licht
wahrlich bewusst sein.

Nun gebe ich dir das Wissen,
die Freiheit, den Weg zu beschreiten,
den ich gegangen bin,
ich zeige dir, wahrhaftig, dass ich durch mein Streben
den Weg gegangen bin, der zu den Sternen führt.
Höre und erkenne deine Knechtschaft
und wie du dich selbst von den Mühen befreien kannst.
Aus der Dunkelheit wirst du dich erheben,
eins mit dem Licht und eins mit den Sternen.

Folge immer dem Pfad der Weisheit.
Nur dadurch kannst du dich von unten emporheben.
Für immer führt das Schicksal den Menschen aufwärts
in die Wölbungen des Ganzen in der Unendlichkeit.

Wisse, dass der gesamte Raum geordnet ist.
Nur in der Ordnung bist du eins mit dem Ganzen.
Ordnung und Ausgeglichenheit sind das Gesetz des Kosmos. Befolge dies und du wirst eins sein mit dem Ganzen.

Wer dem Pfad der Weisheit folgen möchte,
muss offen sein für die Blume des Lebens,
sein Bewusstsein ausdehnen aus der Dunkelheit
und durch Raum und Zeit im Ganzen fließen lassen.
Zuerst musst du tief in der Stille verweilen,
bis du schließlich frei bist von Wünschen,
frei von dem Begehren, in der Stille sprechen zu wollen.
Überwinde durch Stille die Knechtschaft der Worte.
Enthalte dich des Essens,
bis der Wunsch nach Nahrung überwunden ist.
Das ist die Knechtschaft der Seele.

Dann lege dich nieder in der Dunkelheit.
Schließe deine Augen vor den Strahlen des Lichtes.
Konzentriere deine Seelenkraft in deinem Bewusstsein,
schüttele sie frei von den Ketten der Nacht.
Bringe vor dein inneres Auge ein Bild deines Wunsches.
Stelle dir den Ort vor, den du zu sehen wünschst.
Schwinge vor und zurück mit deiner Kraft.
Löse deine Seele aus ihrer Nacht.
Heftig musst du vorgehen mit all deiner Kraft,
bis am Ende deine Seele frei sein wird.

Mächtig jenseits aller Worte ist die Flamme des
Kosmischen, sie existiert in Ebenen,
die der Mensch nicht kennt,
mächtig und im Gleichgewicht,
sich in der Ordnung bewegend,
Musik voll von Harmonien, weit jenseits des Menschen,
mit Musik sprechend, singend mit Farben,
aufflammend vom Anfang des ewigen Ganzen.
Ihr seid Funken dieser Flamme, oh meine Kinder,
ihr brennt mit Farbe und lebt mit Musik.
Hört und ihr werdet frei sein.

Wenn das Bewusstsein frei ist,
ist es mit dem Kosmischen verschmolzen,
Eins mit der Ordnung und mit dem Gesetz des Ganzen.
Wisse, dass das Licht, das Symbol des Ganzen
aufflammen wird aus der Dunkelheit.

Sprich dieses Gebet, Weisheit zu erlangen;
bete für das Kommen des Lichtes zum Ganzen.
"Mächtiger Geist des Lichtes,
das durch den Kosmos strahlt,
ziehe meine Flamme näher zu dir in Harmonie.
Erhebe mein Feuer aus der Dunkelheit,
ein Magnet des Feuers, der eins ist mit dem Ganzen.
Erhebe meine Seele mit deiner Macht und deinem
Potenzial, als ein Kind des Lichtes werde ich mich
nicht abwenden.

Zieh mich mit Macht in deinen Ofen, damit ich schmelze,
eins mit allen Dingen und alle Dinge als eins,
Feuer des Lebensstromes und eins mit deinem
Bewusstsein."

Wenn du deine Seele von der Knechtschaft befreit hast,
wisse, dass dann für dich die Dunkelheit vorbei ist.
Mögest du dann ewig durch den Raum nach Weisheit
suchen, nicht mehr gebunden durch Wünsche,
die durch das Fleisch entstehen.

Schnelle auf- und abwärts in den Morgen;
frei ist dann deine Seele in den Reichen des Lichtes.
Bewege dich in Ordnung und in Harmonie;
frei sollst du dich bewegen, zusammen mit den Kindern
des Lichtes.

Suche und erkenne meinen Schlüssel der Weisheit.
So, oh Mensch, wirst du sicher frei sein.

Kapitel 11

Der Resident von Unal

Horlet, der Resident, baute den Tempel des Lichtes "aus den Äthern, gestaltet und geformt mit der Kraft von Ytolan" auf der Insel Unal in Atlantis. Dieser Tempel war ein Ort für heilige Zeremonien. Hohes spirituelles Wissen wurde hier vermittelt, um Eingeweihte zu selektieren, die vom Residenten selbst ausgewählt wurden. Auch nach vielen Jahren der spirituellen Ausbildung und Hingabe wurde nur sehr wenigen Adepten die Ehre zuteil, zu erfahren, was dort so alles vor sich ging. Dort studierte ich, Thoth, in meiner Jugend viele Jahre.

Obwohl Atlantis weiterhin im Wasser verborgen ist, führt der Resident seine Arbeit fort und lenkt die Seelen der Menschen. Von ihm zu lernen kann erleuchtend, erhebend, erzieherisch, aufregend und berauschend sein. Seinen Anweisungen ist unbedingt Folge zu leisten, sonst kann es sein, dass du dich verwirrt und desorientiert wiederfindest, wie du im Kreis an Dingen vorbeigehst, die du gerade erst gesehen hast, und du weißt nicht, in welche Richtung du gehen sollst. Bereite dich gut für diese Reise vor und bitte um meine Hilfe, aber nur, wenn du bereit bist. Um mehr über den Residenten von Unal zu erfahren, lies bitte weiter.

Oft träumte ich vom begrabenen Atlantis,
verloren in lang vergangenen Zeiten.
Viele Äonen existierte es in Schönheit,
ein Licht, das durch die Dunkelheit der Nacht leuchtete,
mächtig in seiner Kraft regierte der Herr der Erde
zu Atlantis' Zeiten die Erdgeborenen.

Als König der höheren Reiche, Herr der Weisheit,
lichtgeborener Hüter des Weges,
residierte der Herr von Unal in seinem Tempel,
das Licht der Erde in den Tagen von Atlantis.

Er war der Herr aus einem Zyklus jenseits von uns
und lebte in einem Körper als einer unter den Menschen.
Er war nicht wie ein Erdgeborener,
er war von jenseits von uns,
die Sonne eines Zyklus,
höher entwickelt als die Menschen.

Wisse, dass Horlet, der Herr der Weisheit,
nicht eins war mit den Kindern der Menschen.
In weit vergangener Zeit,
als Atlantis erstmalig mächtig wurde,
erschien er mit dem Schlüssel der Weisheit
und zeigte allen den Weg zum Licht.

Er zeigte allen den Weg des Erlangens,
den Weg des Lichtes, das unter den Menschen fließt,

er meisterte die Dunkelheit und führte die
Menschenseele hinauf zu Höhen,
die eins waren mit dem Licht.

Die Königreiche lagen auf zehn Inseln,
die von den Kindern der Menschen regiert wurden.
Auf einer anderen Insel erbaute Horlet einen Tempel,
er war nicht erbaut von den Kindern der Menschen.
Aus dem Äther rief er seine Substanz,
gestaltete und formte ihn mit der Kraft von Ytolan
nach dem Bild, das er in seinem Geist hatte.

Meile über Meile bedeckte der Tempel die Insel,
Raum über Raum wuchs er in seiner Macht.
Schwarz und doch nicht schwarz,
doch dunkel wie die Raumzeit,
tief in seinem Herzen war die Essenz des Lichtes.

Schnell erstand der Tempel,
gestaltet und geformt nach dem Wort des Residenten,
aus der Formlosigkeit in eine Form gerufen.
Er baute darin große Kammern
und füllte diese mit Formen,
die er aus dem Äther rief,
und mit Weisheit, die er mit seinem Geist herbei rief.

Formlos war er in seinem Tempel
und doch war er geformt nach dem Bild des Menschen.

Er wohnte unter ihnen und war doch keiner von ihnen,
fremd und anders war er als die Kinder der Menschen.

Er wählte drei aus den Kindern der Menschen,
die sein Portal wurden.
Er erwählte sie aus den Höchsten unter ihnen,
um seine Verbindungen mit Atlantis zu werden,
Boten, die seinen Rat zu den Königen
und den Kindern der Menschen trugen.

Er holte andere und lehrte sie Weisheit,
um Lehrer zu sein für die Kinder der Menschen.
Er brachte sie auf die Insel Unal
um Lehrer des Lichtes für die Menschen zu sein.
Jeder von den Auserwählten
musste selbst 15 Jahre unterrichtet werden.
Nur so konnten sie das Verständnis erreichen,
um das Licht zu den Kindern der Menschen zu bringen.
So entstand der Tempel,
der Wohnort des Herr der Menschen.

Ich, Thoth, habe stets die Weisheit gesucht,
in der Dunkelheit und auch im Licht.
Lange in meiner Jugend ging ich diesen Weg,
immer auf der Suche nach neuem Wissen.
Bis nach langem Streben
einer der drei mir das Licht brachte.

Er brachte mir die Anweisungen des Residenten
und rief mich aus der Dunkelheit in das Licht.
Dann brachte er mich vor den Residenten,
tief im Tempel vor dem großen Feuer.

Dort auf dem großen Thron erblickte ich den Residenten,
bekleidet mit Licht und funkelnd mit Feuer.
Ich kniete nieder vor so großer Weisheit
und fühlte, wie das Licht in Wellen
durch mich hindurch floss.

Sodann hörte ich die Stimme von Horlet,
dem Residenten:
"Oh Dunkelheit, komm ins Licht.
Lange hast du den Weg des Lichtes gesucht.
Jede Seele auf Erden, die ihre Ketten löst,
wird bald frei werden von der Knechtschaft der Nacht.
Aus der Dunkelheit bist du emporgestiegen,
bist dem Licht deines Zieles näher gekommen.
Hier sollst du wohnen als eines meiner Kinder,
Hüter der Aufzeichnungen, die durch Weisheit gewonnen
wurden, ein Instrument bist du des jenseitigen Lichtes.

Bereit wirst du gemacht um das zu tun, was notwendig
ist, als Bewahrer der Weisheit durch die Jahre der
Dunkelheit, die schnell über die Kinder der Menschen
hereinbrechen werden.
Lebe hier und trinke von aller Weisheit;
Geheimnisse und Mysterien werden sich dir enthüllen."

Sodann antwortete ich dem Herren und sagte:
"Oh Licht, das zu den Menschen herunter stieg,
gib mir von deiner Weisheit,
dass ich Lehrer der Menschen sein möge.
Gib mir von deinem Licht,
dass ich frei sein möge."

Der Herr sprach erneut zu mir.
"Zeitalter über Zeitalter
wirst du leben durch deine Weisheit,
sogar noch, wenn die Meereswellen
über Atlantis hinweg rollen, wirst du das Licht halten,
obwohl verborgen in der Dunkelheit, du wirst bereit sein
zu kommen, wenn du gerufen wirst.
Geh nun und lerne noch größere Weisheit;
wachse durch das Licht zu dem unendlichen Ganzen
hin."

Lange lebte ich im Tempel des Residenten,
bis ich schließlich eins war mit dem Licht.
Ich folgte dem Pfad, der zu den Ebenen der Sterne führt,
folgte dem Pfad, der zum Licht führt.
Tief in das Herz der Erde folgte ich dem Pfad,
lernte die Geheimnisse, wie unten so oben,
ich lernte den Pfad in die Hallen von Amenti
und lernte das Gesetz, das die Welt
im Gleichgewicht hält.

Tief durch die Erdkruste sah ich Kammern und Wege,
die vor den Kindern der Menschen
über Zeitalter verborgen waren.
Noch mehr Weisheit wurde vor mir entschleiert,
bis ich neue Erkenntnisse gewann
und herausfand, dass alles ein Teil ist vom Ganzen,
groß und noch größer als alles, was wir wissen.

Durch alle Zeitalter hindurch
durchsuchte ich das Herz der Unendlichkeit.
Tief und immer tiefer, fand ich noch mehr Mysterien.
Wenn ich nun zurückblicke durch die Zeitalter,
weiß ich, dass Weisheit grenzenlos ist
und größer wird durch die Zeitalter,
eins mit der Unendlichkeit und größer als das Ganze.

Es gab Licht im alten Atlantis,
aber auch Dunkelheit war in allem verborgen.
Einige, die Höhen unter den Menschen erklommen
haben, fielen vom Licht in die Dunkelheit.
Sie wurden stolz über ihr Wissen
und ihren Platz unter den Menschen.
Sie tauchten tief in das Verbotene
und durch ihr Wissen öffneten sie
das Tor, das nach unten führt.
Sie trachteten nach mehr Wissen und
danach, es von unten heraufzubringen.

Wer nach unten herabsteigt, muss im Gleichgewicht sein,
sonst wird er gebunden durch den Mangel an Licht.

In seinem Tempel lag der allwissende Resident
in seinem Agwanti,
während seine Seele durch Atlantis schweifte.
Er sah, dass die Atlanter mit ihrer Magie
das verbotene Tor öffneten,
was der Erde großes Leid bringen würde.
Schnell eilte seine Seele zurück zu seinem Körper.
Er erhob sich aus seinem Agwanti.
Er rief die drei mächtigen Botschafter
und gab den Befehl, der die Welt erschütterte.
Tief unter die Erdkruste
stieg der Resident schnell hinunter
in die Hallen von Amenti.
Er rief die Kräfte der sieben Herren,
was das Gleichgewicht der Erde veränderte.

Tief versank Atlantis unter den dunklen Wogen,
was das Tor erschütterte, das geöffnet worden war
zum Zugang, der nach unten führt.
Alle Inseln, mit Ausnahme von Unal
und einem Teil von Undal,
wo die Söhne von Atlantis wohnten,
wurden zerstört.
Er schützte sie, damit sie die Lehrer sein konnten,
Lichter auf dem Weg für die, die nachkommen,
Lichter für die geringeren Kinder der Menschen.

Dann rief er mich, Thoth, zu sich
und gab mir Anweisungen für das, was ich tun sollte.
Er sagte:
„Nimm deine ganze Weisheit,
all deine Aufzeichnungen und deine Magie.
Geh und sei Lehrer der Menschen,
bewahre die Aufzeichnungen, bis die Zeit kommt
und das Licht unter den Menschen wächst.
Licht sollst du sein durch die Zeitalter hindurch,
verborgen, und doch sollst du gefunden werden
von erleuchteten Menschen.
Ich gebe dir Macht über die ganze Erde;
es steht dir frei, sie weiterzugeben oder wieder zu
nehmen.
Versammle nun die Söhne von Atlantis.
Nimm sie und fliege zu den Menschen der Felsengräber.
Fliege zu den Kindern von Khem."

Dann versammelte ich die Söhne von Atlantis aus Undal
im Raumschiff mit all meinen Aufzeichnungen
sowie den Aufzeichnungen aus dem versunkenen
Atlantis.
Ich sammelte alle meine Kräfte
und viele Instrumente der mächtigen Magie.

Auf Flügeln des Morgens erhoben wir uns dann
hoch über den Tempel und ließen die drei und den
Residenten zurück, tief in den Hallen von Amenti
unter dem Tempel.

Unter den Wellen versank der große Tempel.
Verschlossen war der Zugang zu den Herren der Zyklen.
Und doch wird der Weg nach Amenti
dem immer offen sein, der Wissen hat.

Schnell flogen wir auf den Flügeln des Morgens,
in das Land der Kinder von Khem.
Dort überwand ich sie durch meine Kraft und
regierte sie, zum Licht erhob ich die Kinder von Khem.

Tief unter den Felsen
begrub ich mein Raumschiff,
wo es auf die Zeit wartet, in der
der Mensch wieder frei sein darf.
Über dem Raumschiff errichtete ich
eine Markierung
in der Form eines Löwen, jedoch ähnlich dem Menschen.
Dort unter diesem Bild ruht mein Raumschiff,
um heraufgebracht zu werden, sobald es nötig ist.

Wisse, dass in der fernen Zukunft
Eindringlinge von weit her kommen werden.
Dann erwachet, diejenigen unter euch,
die Weisheit haben.
Holt mein Schiff hervor und siegt mit Leichtigkeit.
Tief unter dem Bild liegt mein Geheimnis.
Suchet und findet in der Pyramide
die ich baute (die Große Pyramide).

Einer ist dem anderen ein Schlüssel,
jeder der Zugang, der in das Leben führt.
Folge dem Schlüssel, den ich zurückließ.
Suche und das Tor wird geöffnet werden.
Suche in meiner Pyramide,
tief in dem Gang, der an einer Wand endet.
Benutze den Schlüssel der Sieben
und das Tor wird sich für dich öffnen.

Nun habe ich dir meine Weisheit gegeben.
Nun habe ich dir meinen Weg gezeigt.
Folge dem Pfad.
Löse meine Geheimnisse.
Dir habe ich den Weg gezeigt.

Kapitel 12

Enthüllte Geheimnisse

Wenn man durch das Universum und darüber hinaus reist, gibt es viele wichtige Dinge, die man wissen muss. Vielleicht stellst du dir jetzt selber schon ein paar von diesen Fragen: „Warum würde diese Reise überhaupt wichtig sein? Welche Errungenschaften kann ich mir von einer solchen Reise erhoffen? Was haben die Mysterien des Jenseits überhaupt mit mir zu tun?"
Das sind alles durchaus angemessene Fragen. Doch lass uns zuvor darauf schauen, was deine Absichten gewesen sind bei der Lektüre dieses Buches. Die Tatsache, dass du bis zu diesem Punkt alles gelesen hast, zeigt doch ein gewisses Interesse an dem Thema, nicht wahr? Nun, warum sollte man aufhören, bevor man alles, was letztendlich möglich ist, gelernt und verstanden hat? Wenn du ein anderes Fach studieren würdest, wie zum Beispiel Medizin, würdest du die Universität verlassen, bevor du deinen Abschluss gemacht hast? Und wir sind jetzt hier, in der Schule der universalen Konzepte, in der Thoth unterrichtet. Warum sollte man das Buch zumachen, bevor alle Mysterien mitgeteilt worden sind?

Dir habe ich mein Wissen weitergegeben.
Dir habe ich Licht gegeben.
Lausche nun und empfange meine Weisheit
über höhere und jenseitige Raumebenen.

Ich, Thoth, bin nicht mehr wie ein Mensch,
denn ich wurde befreit von Dimensionen und Ebenen.
In jeder nehme ich einen neuen Körper an,
in jeder wechsle ich meine Form.
Ich weiß jetzt, dass die Formlosigkeit alles ist, was es gibt.

Groß ist die Weisheit der Sieben.
Mächtig sind sie und aus dem Jenseits.
Sie manifestieren sich durch ihre Macht,
die erfüllt ist mit der Kraft aus dem Jenseits.

Höre diese Worte der Weisheit
und mache sie zu deiner eigenen.
Finde sie in der Formlosigkeit.
Finde den Schlüssel ins Jenseits.
Mysterien sind nur verborgenes Wissen.
Wisse, und du wirst entschleiern.
Finde die tief vergrabene Weisheit
und sei der Herr von Dunkelheit und Licht.

Tief sind die Mysterien um dich herum;
verborgen sind die alten Geheimnisse.
Durchsuche die Schlüssel meiner Weisheit.
Sicher wirst du den Weg finden.
Das Tor zur Macht ist geheim,
doch der, der das Ziel erreicht, wird empfangen.
Schau auf das Licht, mein Bruder,
öffne dich und du wirst empfangen.

Strebe voran im Tal der Dunkelheit.
Überwinde den Bewohner der Nacht.
Halte deine Augen immer auf die Ebene des Lichtes
gerichtet und du wirst eins sein mit dem Licht.

Der Mensch ist dabei, sich zu verändern,
hin zu Formen, die nicht von dieser Welt sind.
Mit der Zeit wächst er hinein in das Formlose,
eine Ebene in dem Zyklus über uns.
Wisse, dass du formlos werden musst,
bevor du eins mit dem Licht werden kannst.
Hör auf meine Stimme,
die dir von Wegen zum Licht erzählt und
die dir zeigt, wie du Erfolg haben kannst,
wenn du eins mit dem Licht wirst.

Erforsche die Mysterien des Herzens der Erde.
Erkenne das Gesetz, das existiert,
während es die Sterne
durch die Kraft des Urnebels im Gleichgewicht hält.
Suche die Flamme vom Leben der Erde.
Bade im Glanz seiner Flamme.
Folge dem dreifaltigen Weg,
um deine Flamme aufzuhellen.
Sprich Worte ohne Stimme
zu denen, die unten wohnen.
Geh in den blau erleuchteten Tempel
und bade im Feuer allen Lebens.

Wisse, dass du vielschichtig bist,
ein Wesen der Erde und des Feuers.
Lass deine Flamme hell erstrahlen.
Sei allein das Feuer.

Die Weisheit ist in der Dunkelheit verborgen.
Finde die Weisheit, wenn sie von
der Flamme der Seele entzündet ist
und werde zum Lichtgeborenen,
einem Sohn des Lichtes, ohne Form.
Suche stets nach mehr Weisheit.
Finde sie im Herzen der Flamme.
Wisse, dass nur durch das Streben
das Licht in deinen Geist fließen kann.
Nun habe ich mit Weisheit gesprochen;
höre auf meine Stimme und gehorche.
Reiße die Schleier der Dunkelheit auf.
Werfe ein Licht auf den Weg.

Ich spreche von der Zeit des alten Atlantis.
Ich spreche vom Königreich der Schatten.
Ich spreche vom Kommen der Kinder der Schatten.
Aus der großen Tiefe heraus wurden sie durch
die Unwissenheit der Erdenmenschen gerufen,
sie wurden gerufen,
damit große Macht erlangt werden konnte.
Weit in der Vergangenheit, bevor Atlantis existierte,
gab es Menschen, die in die Dunkelheit tauchten,

indem sie dunkle Magie benutzten,
und sie riefen Wesen herauf aus den
großen Tiefen unter uns.
Sie kamen herauf in diesen Zyklus.
Sie waren formlos und hatten eine andere Schwingung,
sie existierten unbemerkt von den Kindern der
Menschen.
Nur durch Blut konnten sie sich eine Form schaffen.
Nur durch den Menschen konnten sie in der Welt leben.

In vergangen Zeiten wurden sie von den Meistern
bezwungen und zurückgetrieben an den Ort, von dem
sie gekommen waren.
Doch einige verblieben, verborgen in Räumen und
Ebenen, die den Menschen nicht bekannt waren.
Sie lebten als Schatten in Atlantis,
doch zuweilen erschienen sie unter den Menschen.
Wenn Blut angeboten wurde, kamen sie heraus,
um unter den Menschen zu wohnen.

Sie sind unter uns in der Form der Menschen,
doch nur dem Aussehen nach sind sie wie Menschen.
Sie hatten Schlangenköpfe, wenn man den Zauber
entfernte, aber den Menschen erschienen sie wie jeder
andere Mensch.

Sie unterwanderten die Ratsversammlungen
(Regierungen),
nahmen Formen an, die den Menschen ähnlich waren.

Mittels ihrer Techniken erschlugen sie die
Anführer der Königreiche, übernahmen deren Form
und herrschten so über die Menschen.
Nur durch Magie konnten sie entdeckt werden; nur durch
den Klang konnten ihre Gesichter gesehen werden.
Aus dem Königreich der Schatten heraus wollten sie
den Menschen zerstören und an seiner Stelle regieren.

Doch wisse, dass die Meister mächtig in der Magie waren,
sie waren imstande, den Schleier vom Gesicht der
Schlange zu heben,
imstande, sie an ihren Platz zurückzuschicken.
So kamen sie zu den Menschen und lehrten sie das
Geheimnis, das Wort [Kininigen], das nur ein Mensch
aussprechen kann.
Rasch hoben sie den Schleier von der Schlange
und verjagten sie von ihrem Platz unter den Menschen.

Doch Vorsicht, die Schlange lebt weiterhin
an einem Ort, der sich zuweilen zur Welt hin öffnet.
Ungesehen wandeln sie unter euch
an Orten, an denen die Riten gesprochen wurden.
Im Laufe der Zeit werden sie erneut
die Erscheinung von Menschen annehmen.
Sie können von einem Meister gerufen werden,
der das Weiße oder das Schwarze kennt,
aber nur der weiße Meister kann sie
kontrollieren und beherrschen,
während sie in der Form des Fleisches sind.

Suche nicht das Königreich der Schatten,
denn das Böse wird dann sicherlich erscheinen.
Denn nur der Meister des Glanzes
wird den Schatten der Angst überwinden.
Wisse, mein Bruder, dass die Angst
ein großes Hindernis ist.
Wenn du ein Meister von allem im Licht bist,
wird der Schatten bald verschwinden.
Höre und beachte meine Weisheit,
die Stimme des Lichtes ist klar.
Suche nicht das Tal des Schattens,
dann wird auch nur das Licht erscheinen.

Lausche der Tiefe meiner Weisheit.
Ich spreche vom Wissen,
das dem Menschen verborgen ist.
Weit bin ich gekommen auf meiner Reise
durch Raum und Zeit,
sogar bis ans Ende des Raumes in diesem Zyklus.
Ich erhaschte einen Blick auf die Wachhunde der Grenze,
die dort auf den warten, der sie passieren möchte.
In diesem Raum, wo die Zeit nicht existiert,
nahm ich schwach die Wächter der Zyklen wahr.
Die Wachhunde bewegen sich nur in Winkeln,
denn sie haben nicht die Freiheit der
gekrümmten Dimensionen.
Seltsam und schrecklich sind die Wachhunde der Grenze.
Sie folgen dem Bewusstsein bis an die Grenzen des
Raumes.

Denke nicht, dass du ihnen entkommen kannst,
wenn du in deinen Körper zurückkehrst,
denn sie können der Seele schnell in Winkeln folgen.
Nur der Kreis wird dir Schutz bieten, dich bewahren
vor den Klauen der Bewohner der Winkel.

Einmal näherte ich mich in der Vergangenheit der großen
Grenze und sah die formlosen Formen der Wachhunde
der Grenze an den Ufern, wo die Zeit nicht existiert.
Ich fand sie verborgen im Nebel jenseits der Zeit,
und sie witterten mich von weitem,
erhoben sich und stimmten das große klare Heulen an,
das von Zyklus zu Zyklus gehört werden konnte,
und bewegten sich durch den Raum auf meine Seele zu.

Schnell floh ich vor ihnen,
zurück vom undenkbaren Ende der Zeit.
Doch seither verfolgen sie mich,
die sich in seltsamen, den Menschen unbekannten
Winkeln bewegen.
An den grauen Ufern am Ende von Raum und Zeit
fand ich die Wachhunde der Grenze,
beutehungrig nach der Seele,
die versuchen, das Jenseits zu erreichen.
Ich floh durch Zyklen zurück in meinen Körper.
Schnell folgten mir die Verschlinger,
sie versuchten in Winkeln meine Seele zu verschlingen.

Wisse, dass die Seele, die sich an die große Grenze
heranwagt, von den Hunden jenseits der Zeit
gefangengehalten werden kann, bis dieser Zyklus
vollendet ist und sie wird zurückgelassen,
bis das Bewusstsein fort geht.

Ich trat in meinen Körper ein
und schuf die Kreise, die keine Winkel kennen.
Ich schuf die Form, aus meiner Form gebildet.
Ich stellte meinen Körper in einen Kreis
und verlor die Verfolger in den Zyklen der Zeit.
Aber sogar jetzt noch, wenn ich nicht in meinem Körper
bin, muss ich aufpassen, dass ich mich nicht in Winkeln
bewege oder meine Seele könnte niemals frei sein.

Wisse, dass die Wachhunde der Grenze
sich nur in Winkeln bewegen
und niemals in Kurven im Raum.
Du kannst ihnen nur entkommen,
wenn du dich in Kurven bewegst,
denn in Winkeln werden sie dich verfolgen.
Beherzige meine Warnung, versuche nicht,
das Tor in das Jenseits aufzubrechen,
denn nur wenige haben erfolgreich
die Grenze überschritten
in das große Licht, das im Jenseits scheint.
Wisse, dass die Bewohner der Winkel
stets versuchen, solche Seelen gefangenzuhalten.

Kapitel 13

Freiheit des Raumes

Du hast nun gelernt, dass es in diesem Universum und darüber hinaus viel zu erforschen gibt. Viele Menschen haben noch nicht einmal im Ansatz erkannt, wie ausgedehnt ihr Sein ist und der Planet, auf dem sie leben. Die Reisen, von denen ich, Thoth, euch in diesem Buch erzählt habe, können von anderen unternommen werden, die großes Wissen und Weisheit haben. Das Wissen, das in der menschlichen Form erlangt wurde, verblasst im Vergleich zu dem Wissen, das auf intergalaktischen Reisen gewonnen werden kann. Vielleicht können die folgenden Worte euch dazu verlocken, weiter zu forschen und die Freiheit des Raumes besser zu verstehen.

Lausche und höre meine Stimme,
die in diesem Zyklus Weisheit und Licht lehrt,
die lehrt, wie die Dunkelheit zu verbannen ist,
die lehrt, wie du Licht in dein Leben bringen kannst.

Versuche, den großen Pfad zu finden,
der in das ewige Leben führt.
Zieh die Schleier der Dunkelheit fort.
Trachte danach, ein Licht in der Welt zu werden.
Mache dich selbst zu einem Gefäß für das Licht.

Erhebe deine Augen zum Kosmos.
Erhebe deine Augen zum Licht.
Sprich die Worte des Residenten,
den Gesang, der das Licht herunter ruft.
Sing das Lied der Freiheit.
Sing das Lied der Seele.
Erschaffe die hohe Schwingung,
die dich eins werden lässt mit dem Ganzen.
Verschmelze mit dem Kosmos;
werde eins mit dem Licht.
Sei ein Kanal der Ordnung,
ein Pfad des Gesetzes für die Welt.

Dein Licht ist das große Licht,
das durch die Schatten des Fleisches scheint.
Du musst dich erheben aus der Dunkelheit zur Freiheit,
bevor du eins werden kannst mit dem Licht.
Schatten der Dunkelheit umgeben dich.
Das Leben erfüllt dich mit seinem Fluss.
Aber wisse, dass du dich erheben
und dich weit von deinem Körper entfernen musst,
hin zu den Ebenen, die dich umgeben
und die doch auch eins mit dir sind.

Schau dich um.
Sieh, wie dein Licht sich widerspiegelt.
Selbst in der Dunkelheit, die dich umgibt,
ergießt sich dein Licht durch den Schleier.

Suche stets nach Weisheit.
Lass nicht zu, dass dein Körper dich irreführt.
Bleib auf dem Weg des Lichtes.
Meide den Weg der Dunkelheit.
Wisse, dass die Weisheit nie vergeht,
sie existiert, seit es die Seele gibt,
sie erschafft Harmonie aus dem Gesetz,
das auf dem Weg besteht.

Höre auf die Lehren der Weisheit.
Höre auf die Stimme,
die von der vergangenen Zeit spricht.
Ich werde dir vergessenes Wissen nahe bringen,
verloren in der Dunkelheit, die dich umgibt.
Wisse, dass du das Höchste aller Dinge bist.
Nur die Kenntnis davon ist vergessen,
sie ging verloren, als der Mensch in die Knechtschaft
geworfen wurde, gebunden und gefesselt
von den Ketten der Dunkelheit.

Vor langer, langer Zeit habe ich meinen Körper abgelegt.
Ich wanderte frei durch die Weite des Äthers
und umkreiste die Winkel, die den Menschen versklaven.

Wisse, dass du nur Geist bist.
Der Körper ist nichts;
die Seele ist alles.
Lass deinen Körper keine Fessel sein.
Streife die Dunkelheit ab und reise im Licht.

Streife deinen Körper ab und sei frei,
wahrhaftig ein Licht, das eins ist mit allem.

Wenn du dann frei bist von den Fesseln der Dunkelheit
und dich wie eine Sonne des Lichtes durch den Raum
bewegst, dann wirst du wissen, dass der Raum nicht
grenzenlos ist, sondern wahrhaftig begrenzt durch
Winkel und Kurven.
Wisse, dass alles, was existiert,
nur ein Aspekt von größeren Dingen ist,
die noch kommen werden.
Die Materie ist flüssig und fließt wie ein Strom,
sich ständig verändernd von einem Ding zum anderen.

Das Wissen hat durch die Zeitalter existiert,
es hat sich nie geändert,
obwohl vergraben in der Dunkelheit,
war es nie verloren,
obwohl vom Menschen vergessen.
Wisse, dass in dem ganzen Raum, den ihr bewohnt,
andere sind, die so groß sind wie ihr,
durch das Herz eurer Materie seid ihr miteinander
verflochten, ein jeder gesondert in seinem eigenen Raum.

Einst, in einer lang vergessenen Zeit,
öffnete ich, Thoth, das Tor,
drang in andere Räume ein
und erfuhr die verborgenen Geheimnisse.

Tief in der Essenz der Materie
sind noch viele verborgene Mysterien.

Es gibt neun ineinander greifende Dimensionen,
neun Raumzyklen, neun Ausbreitungen des Bewusstseins
und neun Ebenen innerhalb der Welten.
Es gibt neun Bewegungen der Zyklen,
die von oben und unten kommen.

Der Raum ist gefüllt mit verborgenen Wesen,
denn der Raum ist durch die Zeit geteilt.
Suche den Schlüssel zu Raum und Zeit
und du kannst das Tor aufschließen.
Wisse, dass durch Raum und Zeit
Bewusstsein wirklich existiert.
Obwohl vor uns verborgen,
existiert es für immer.
Der Schlüssel zu deinen inneren Welten
kann nur im Inneren gefunden werden.
Denn der Mensch ist das Tor der Mysterien
und der Schlüssel, der eins ist mit Allem.

Suche innerhalb des Kreises.
Benutze das Wort, das ich dir geben werde.
Öffne das Tor in dir,
und auch du wirst sicher leben.
Du magst vielleicht denken, dass du lebst,
aber wisse, es ist das Leben innerhalb des Todes.

Denn solange du an deinen Körper gebunden bist,
gibt es für dich kein Leben.
Nur die Seele ist frei,
nur sie hat Leben, das wirklich Leben ist.
Alles andere ist nur Knechtschaft,
eine Kette, von der es sich zu befreien gilt.

Denke nicht, dass der Mensch erdgeboren ist,
auch wenn er von der Erde sein mag.
Der Mensch ist lichtgeborener Geist,
doch ohne dies zu wissen, kann er niemals frei sein.
Dunkelheit umgibt den Lichtgeborenen.
Dunkelheit kettet die Seele.
Nur wer sucht kann jemals hoffen, frei zu werden.
Die Schatten, die dich umgeben, fallen herab,
Dunkelheit erfüllt den ganzen Raum.
Leuchte voran, oh Licht der Menschenseele,
erfülle die Dunkelheit des Raumes.

Du bist die Sonne des großen Lichtes.
Erinnere dich und du wirst frei sein;
bleib nicht in den Schatten;
springe heraus aus der Dunkelheit der Nacht.
Lass deine Seele Licht sein, oh Sonnengeborener,
erfüllt mit der Herrlichkeit des Lichtes,
befreit von den Fesseln der Dunkelheit,
eine Seele, die eins ist mit dem Licht.
Du bist der Schlüssel zu aller Weisheit;

in dir ist aller Raum und alle Zeit.
Lebe nicht in den Fesseln der Dunkelheit.
Befreie deine Lichtform von der Nacht.

„Großes Licht, das den Kosmos erfüllt,
fließe du in Fülle zum Menschen.
Mache seinen Körper zu einer Lichtfackel,
die niemals durch Menschen gelöscht werden soll."

Lange suchte ich in der Vergangenheit nach Weisheit,
dem Menschen unbekanntes Wissen.
Ich reiste weit in die Vergangenheit
in den Raum, wo die Zeit ihren Anfang nahm.
Ich suchte neues Wissen, um es hinzuzufügen
zu der Weisheit, die ich bereits wusste.
Doch ich fand heraus, dass nur die Nicht-Zeit
den Schlüssel enthielt zu der Weisheit, die ich suchte.

Ich reiste hinunter in die Hallen von Amenti,
um noch größeres Wissen zu finden.
Ich fragte die Herren der Zyklen
nach dem Weg zu der Weisheit, die ich suchte.
Ich stellte den Herren diese Frage:
„Wo ist die Quelle von Allem?"
Die Stimme des Herren NEUN
antwortete in mächtigem Ton:
„Befreie deine Seele von deinem Körper
und komme mit mir zum Licht."
Und ich verließ meinen Körper,

eine funkelnde Flamme in der Nacht.
So stand ich dann vor dem Herren
und wurde im Feuer des Lebens gebadet.
Da wurde ich von einer Kraft ergriffen,
größer als dem Menschen bekannt,
und wurde durch einen Raum in den Abgrund geworfen,
der dem Menschen noch unbekannt ist.

Ich sah Chaos und die Winkel der Nacht,
wie sie sich zurück in die Ordnung bewegten.
Ich sah, wie das Licht der Ordnung entsprang
und hörte die Stimme des Lichtes.
Ich sah die Flamme des Abgrundes,
wie sie Ordnung und Licht hervorbrachte.
Ich sah Ordnung dem Chaos entspringen,
ich sah das Licht, wie es Leben hervorbrachte.

Dann hörte ich die Stimme,
„Höre und verstehe.
Die Flamme ist die Quelle von Allem,
sie enthält alles als Möglichkeit.
Die Ordnung, die das Licht hervorgebracht hat,
ist das Wort und aus dem Wort kommt Leben
und das Sein von Allem."

Und wieder sprach die Stimme und sagte:
„Das Leben in dir ist das Wort.
Finde das Leben in dir
und ergreife die Kräfte, um das Wort zu benutzen."

Lange beobachtete ich die lichte Flamme,
wie sie aus der Essenz des Feuers heraus floss
und erkannte, dass das Leben nichts als Ordnung ist
und dass der Mensch eins ist mit dem Feuer.

Ich kehrte zurück in meinen Körper
und stand wieder vor dem Herren NEUN.
Ich lauschte der Stimme der Zyklen,
sie sprachen vibrierend mit Macht:
„Wisse, oh Thoth, dass das Leben
lediglich das Wort des Feuers ist.
Die Lebenskraft, die du vor dir suchst,
ist nur das Wort als ein Feuer in der Welt.
Such den Pfad zum Wort
und die Mächte werden mit Sicherheit dein sein."

Dann fragte ich den Herrn NEUN:
„Oh Herr, zeige mir den Weg.
Gib mir den Pfad zur Weisheit.
Zeige mir den Weg zum Wort."

Daraufhin antwortete mir der Herr NEUN:
„Durch Ordnung wirst du den Weg finden.
Hast du gesehen, dass das Wort aus dem Chaos kam?
Hast du nicht gesehen, dass das Licht aus dem Feuer
kam? Suche in deinem Leben nach dieser Ordnung;
bringe Gleichgewicht und Ordnung in dein Leben.
Bezwinge all das Chaos deiner Emotionen

und du wirst Ordnung in deinem Leben haben.
Die Ordnung, die aus dem Chaos entsteht,
wird dir das Wort der Quelle bringen,
wird dir die Macht der Zyklen bringen
und wird aus deiner Seele eine Macht bilden,
die sich durch die Zeitalter erstrecken wird,
eine vollkommene Sonne aus der Quelle."

Ich lauschte der Stimme
und ließ die Worte tief in mein Herz sinken.
Unaufhörlich habe ich nach Ordnung gesucht,
damit ich das Wort in Anspruch nehmen konnte.
Wisse, dass der, der es erringt,
stets in der Ordnung sein muss,
denn das Wort ohne Ordnung zu benutzen,
das hat es niemals gegeben und kann niemals sein.

Nimm diese Worte und lass sie Teil deines Lebens sein.
Suche die Ordnung zu erobern, und eins mit dem Wort
wirst du sein.

Setze auf dem Pfad des Lebens deine Bemühungen fort,
das Licht zu gewinnen.
Strebe das Einssein mit dem Zustand der Sonne an.
Bemühe dich, nur Licht zu sein.
Konzentriere dich auf das Einssein
im Körper des Menschen.
Wisse, dass alles Ordnung ist,
vom Chaos ins Licht geboren.

Kapitel 14

Zeit und Nicht-Zeit

Ich, Thoth, lade dich ein, offen zu sein für das unbekannte Wissen, das in der Welt der Nicht-Zeit existiert. Eigentlich ist es überhaupt keine Welt. Es ist mehr eine Bewusstseinsebene, von der aus du die Dinge beobachtest. An diesem Ort gibt es keine Begrenzungen. Ein an die Beschränkungen der Zeit gewöhnter Verstand erwartet, dass bestimmte Dinge passieren. Wohingegen ein Reisender in der Nicht-Zeit keinerlei solcher Erwartungen hegt und einfach auf den Wellen der Möglichkeiten gleitet, nicht wissend, was er erwarten soll, es ist ihm sogar egal. Dieser Bewusstseinszustand beinhaltet ein Gefühl der Friedlichkeit.

Wenn man jenseits der Beschränkungen der Zeit reist, ändern sich die Regeln, daher musst du sehr aufmerksam sein und dich auf das konzentrieren, was vor dir liegt. Die Welt der Nicht-Zeit bietet ein Verständnis davon, was von den meisten in menschlicher Form bisher noch nicht beachtet wurde, was aber immer existiert hat. Die Zeit erweitert die Lücke im Verständnis in dieser Realität, daher lass deine Uhr zurück und folge deinem Herzen, während wir zusammen mehr über die Welt der Nicht-Zeit lernen.

Die Energie der Angst wird dir nicht erlauben sehr weit zu kommen, daher wird Angst auf dieser Reise nicht erlaubt sein.

Stell dir vor, dass du ein winziges Staubkorn bist, das am wolkenlosen Himmel schwebt, nicht wissend, wo deine Reise enden wird und alles genießend, was dir gezeigt wird.

Lausche und hab Vertrauen in meine Weisheit.
Erfahre von den verborgenen Mysterien des Raumes.
Erfahre von dem Gedanken, der im Abgrund wuchs
und Ordnung und Harmonie in dieses Universum bringt.

Wisse, dass alles, was existiert,
sein Sein nur aufgrund des Gesetzes hat.
Erkenne das Gesetz und du wirst frei sein,
niemals wieder gebunden von den Fesseln der Nacht.
Weit bin ich gereist durch fremdartige Räume
in die Tiefe des Abgrundes der Zeit,
bis schließlich am Ende alles offenbart wurde.
Wisse, dass ein Mysterium nur dann ein Mysterium ist,
wenn es dem Menschen unbekanntes Wissen beinhaltet.

Suche und erfahre, dass die Zeit das Geheimnis ist,
wodurch du frei von diesem Raum sein kannst.
Lange habe ich, Thoth, nach Weisheit gesucht,
und ich werde weiter suchen bis ans Ende der Ewigkeit,
denn ich weiß, dass das Ziel, dass ich zu erreichen suche,
immer vor mir zurückweichen wird.
Sogar die Herren der Zyklen wissen,
dass sie das Ziel noch nicht erreicht haben,
denn mit all ihrer Weisheit wissen sie,
dass Weisheit ständig wächst.

Einst, in einer vergangenen Zeit, befragte ich den Residenten nach dem Mysterium von Raum und Zeit. Ich stellte ihm die Frage, die in meinem Sein drängte, und ich sagte: „Oh Meister, was ist Zeit?"

Da sprach der Meister zu mir,
„Im Anfang war die Leere des Nichts,
ein zeit- und raumloses Nichts.
Und in das Nichts kam ein Gedanke,
zielgerichtet, alles durchdringend
und er erfüllte das Nichts.
Es gab keine Materie, nur Kraft,
eine Bewegung, ein Strudel, eine Schwingung
dieses zielgerichteten Gedanken im Nichts."

Und ich fragte den Meister wieder:
„War dieser Gedanke ewig?"

Der Resident antwortete mir:
„Im Anfang gab es den ewigen Gedanken
und damit der Gedanke ewig sein konnte,
musste Zeit existieren.
So kam das Gesetz der Zeit
in den alles durchdringenden Gedanken.
Die Zeit existiert im gesamten Raum,
gleitend in einer gleichmäßigen rhythmischen
Bewegung, für alle Ewigkeit in einem Zustand
der Fixierung.

Die Zeit verändert sich nicht,
doch alles verändert sich mit der Zeit.
Denn die Zeit ist die Kraft,
die Ereignisse getrennt hält,
jedes in seinem eigenen Platz.
Die Zeit ist nicht in Bewegung,
doch du bewegst dich durch die Zeit,
weil dein Bewusstsein sich von
einem Ereignis zum nächsten bewegt.
Zusammen mit der Zeit gibt es
eine ewige Existenz.
Wisse, dass auch wenn du in der Zeit getrennt bist,
du doch in allen Zeiten eins bist."

Dann endete die Stimme des Residenten
und ich entfernte mich, weiter über Zeit nachsinnend.
Denn ich wusste, dass Weisheit in diesen Worten lag
und ein Weg, die Mysterien der Zeit zu erforschen.

Oft sann ich über die Worte des Residenten nach,
wenn ich versuchte, das Mysterium der Zeit zu
entschlüsseln.
Ich fand heraus, dass die Zeit
sich in seltsamen Winkeln bewegt.
Doch nur in Kurven konnte ich hoffen,
den Schlüssel zu erlangen,
der mir den Zugang ermöglichen würde zur Raum-Zeit.
Ich fand heraus, dass ich nur durch eine
Aufwärtsbewegung

und dann wieder durch eine Bewegung nach rechts
frei sein konnte von der Bewegung der Zeit.

Ich verließ meinen Körper und machte die Bewegungen,
die mich in der Zeit veränderten.
Fremdartig war, was ich sah auf meinen Reisen,
viele der Mysterien öffneten sich meinem Blick.
Ich sah den Beginn der Menschheit
und lernte aus der Vergangenheit,
dass alles Leben still steht.

Trachte danach, den Pfad zu erkennen,
der durch die in der Zeit geformten Räume führt.
Doch vergiss nicht bei all deinem Suchen,
dass das Licht das Ziel ist, dass du zu erreichen suchst.
Suche das Licht auf deinem Pfad
und das Ziel wird bestehen bleiben.

Lass niemals zu, dass dein Herz
sich der Dunkelheit zuwendet.
Lass dein Licht scheinen, eine Sonne auf dem Weg.
Wisse, dass du im Glanz der Ewigkeit
deine im Licht verborgene Seele finden wirst,
niemals gebunden durch Knechtschaft oder Dunkelheit.
Sie leuchtet immer, eine Sonne des Lichtes.

Wisse, dass deine Seele existiert,
obschon sie in Dunkelheit verborgen ist,

ein Funke der wahren Flamme.
Sei eins mit dem größten aller Lichter.
Finde an der Quelle das Ende deiner Suche.
Das Licht ist Leben, denn ohne das große Licht
kann nichts je existieren.
Wisse, dass in aller geformter Materie
das Herz des Lichtes immer existiert.
Wenn auch gebunden in der Dunkelheit,
existiert das innewohnende Licht doch immer.

Einst stand ich in den Hallen von Amenti
und hörte die Stimmen der Herren von Amenti,
die sprachen Worte der Kraft, mächtig und kraftvoll,
in Tönen, die durch die Stille hallten.
Sie sangen das Lied der Zyklen,
die Worte, die den Weg ins Jenseits öffnen.
Ich sah, wie sich der große Weg öffnete
und schaute für einen Augenblick ins Jenseits.
Ich sah die Bewegungen der Zyklen,
so weit wie der Gedanke der Quelle
ihnen Ausdruck verlieh.

Da wusste ich, dass sich sogar die Unendlichkeit
auf ein undenkbares Ende zubewegt.
Ich sah, dass der Kosmos aus Ordnung gemacht ist
und Teil ist einer Bewegung,
die sich in den ganzen Raum erstreckt,
Teil einer Ordnung der Ordnungen,

sich stets in einer Harmonie des Raumes bewegend.
Ich sah das Räderwerk der Zyklen,
die wie riesige Kreise über den Himmel zogen.
Da wusste ich, dass alles, was Wesen hat,
sich auf ein anderes Wesen hin entwickelt, um es zu
treffen, in einer weit entfernten Gruppierung in
Raum und Zeit.
Da wusste ich, dass in Worten die Macht liegt,
dem Menschen verborgene Ebenen zu öffnen.
In Worten liegt der Schlüssel verborgen,
der das Oben und das Unten öffnen wird.

Dieses Wort lasse ich bei dir.
Gebrauche es und du wirst die Kraft finden,
die in seinem Klang liegt.
Sprich das Wort: „Zin-Uru“
und du wirst Kraft finden.
Doch verstehen musst du,
dass der Mensch Licht ist
und dass das Licht der Mensch ist.

Lausche und höre ein Mysterium,
fremdartiger als alles, was unter der Sonne liegt.
Wisse, dass der gesamte Raum erfüllt ist mit Welten,
die sich innerhalb von Welten befinden,
eine in der anderen und doch durch das Gesetz getrennt.
Einst öffnete ich auf der Suche nach tief
vergrabener Weisheit

die Tür, die alles Leben vom Menschen verriegelt.
Und ich rief aus den anderen Ebenen des Seins
eine Wesenheit, die schöner war als die
Töchter der Menschen.
Ich rief sie aus den Räumen,
damit sie wieder in der Welt der Menschen
als Licht scheine .

Ich benutzte die Trommel der Schlange.
Ich trug die Robe in Purpur und Gold.
Ich setzte auf meinen Kopf die Krone aus Silber.
Um mich herum erstrahlte der Kreis aus Zinnober.
Ich hob meine Arme und rief die Invokation,
die den Pfad in die jenseitigen Ebenen öffnet
und rief die Herren an mit den Zeichen ihrer Häuser:
„Herren der zwei Horizonte,
Wächter der dreifachen Tore,
stellt euch einer zur rechten
und einer zur linken,
wie der Stern sich über seinen Thron erhebt
und über sein Zeichen herrscht.
Dunkler Prinz von Arulu,
öffne die Tore zum dunklen verborgenen Land
und gib sie frei, die gefangen ist.
Hört, hört, hört,
dunkle und strahlende Herren,
und bei euren geheimen Namen,
die ich kenne und auszusprechen vermag,
hört und gehorcht meinem Willen.“

Sodann entzündete ich meinen Kreis mit einer Flamme
und rief sie aus den jenseitigen Raumebenen.
„Tochter des Lichtes, kehre zurück aus Arulu.
Sieben Male und sieben Male
bin ich durch das Feuer gegangen.
Nahrung habe ich nicht zu mir genommen;
Wasser habe ich nicht getrunken.
Ich rufe dich aus Arulu,
aus den Reichen von Ekershegal.
Ich rufe dich herbei, Herrin des Lichtes."

Da erhoben sich vor mir die dunklen Gestalten,
die Gestalten des Herren Arulu.
Vor mir traten sie auseinander
und die Herrin des Lichtes trat hervor.
Nun war sie frei von den Herren der Nacht,
frei um im Licht der Erdensonne zu leben,
frei um als ein Kind des Lichtes zu leben.

Hört und lauscht, oh meine Kinder.
Magie ist Wissen und nur das Gesetz.
Fürchtet euch nicht vor der Macht in euch,
denn sie folgt dem Gesetz, so wie die Sterne am Himmel.

Wisse, dass für den ohne Wissen,
die Weisheit Magie ist und nicht vom Gesetz.
Wisse, dass durch dein Wissen du näher kommen kannst
an einen Ort in der Sonne.

Hört, meine Kinder und folgt meiner Lehre.
Seid stets Suchende des Lichtes.
Leuchtet in der Welt der Menschen,
seid ein Licht, das auf dem Weg unter den Menschen
scheinen soll.
Folge und lerne von meiner Magie.
Wisse, dass alle Macht dein ist.
Fürchte nicht den Pfad, der dich zum Wissen führt,
doch meide die dunkle Straße.

Das Licht ist dein, so nimm es.
Leg ab die Ketten und du wirst frei sein.
Wisse, dass die Seele in Knechtschaft lebt,
gefesselt durch Ängste, die dein Fortkommen verhindern.
Öffne deine Augen und sieh das große Sonnenlicht.
Fürchte dich nicht, denn alles ist dein.
Furchterregend ist der Herr des dunklen Arulu
nur für den, der sich niemals der dunklen Angst
gestellt hat.
Wisse, dass es die Angst gibt,
sie wurde von denen geschaffen,
die durch ihre Ängste gebunden sind.

Schüttelt eure Knechtschaft ab, oh meine Kinder,
und wandelt im Licht des prächtigen Tages.
Wendet eure Gedanken niemals der Dunkelheit zu
und mit Sicherheit werdet ihr eins sein mit dem Licht.
Der Mensch ist das, was er zu sein glaubt,

ein Bruder der Dunkelheit oder ein Kind des Lichtes.
Kommt ins Licht, meine Kinder,
geht den Pfad, der in die Sonne führt.

Lausche der Weisheit.
Gebrauche das Wort, das ich dir gab.
Gebrauche es und du wirst sicher Kraft finden,
Weisheit und Licht, um den Weg zu gehen.
Suche und finde den Schlüssel, den ich gab,
und für immer wirst du ein Kind des Lichtes sein.

Kapitel 15

Wie oben so unten

Das, was oben ist, ist auch unten. Das, was unten ist, ist auch oben. Diese Vorstellung mag für den menschlichen Verstand verwirrend klingen, sie ist aber tatsächlich korrekt. Dieses Konzept spricht von unserem Einssein mit der gesamten Schöpfung, auch wenn ein jeder von uns in seiner individuellen menschlichen Form lebt. Der menschliche Verstand hat seine Begrenzungen und sucht nach Logik, um die großen Mysterien in einer Art und Weise zu entschlüsseln, in der sie kategorisiert werden können und in vorhandene Glaubenssysteme hineinpassen. Diese begrenzenden Überzeugungen haben schon viele brillante Männer und Frauen durcheinandergebracht, die sich nicht erlauben, das in ihre Theorien mit einzubeziehen, was metaphysische Theoretiker schon immer als „Universelles Gesetz" erkannt haben.

Mein Rat lautet, nach dem zu suchen, was gerade unter der Oberfläche eures Bewusstseins liegt – an dem Ort, an dem die Wahrheit ewig weiterlebt. Dann kannst du vielleicht im Ansatz verstehen, was „wie oben, so unten" bedeutet. Wenn man vertrauter damit wird, tief nach innen zu schauen und nach Wissen zu suchen, fängt das Leben an, mehr Sinn zu machen. Sein Leben nach der Vorstellung von Wahrheit eines anderen zu leben, beginnt schließlich bedeutungslos und leer zu werden, ohne Ziel oder Grund. Die Wahrheit lebt in deinem Herzen und wartet darauf, enthüllt zu werden. Wir haben schon viele, viele Inkarnationen gebraucht, um nur zu einigen wenigen der vielen Mysterien des Universums zu erwachen. Nur Geduld, den Hartnäckigen wird sich alles enthüllen.

Eine weitere große Herausforderung heute besteht darin, sich Klarheit über die verschiedenen religiösen Lehrmeinungen zu verschaffen, die darauf bestehen, dass ihr Weg der einzig richtige ist. Einige behaupten, dass diejenigen, die sich nicht ihrer Lebensart anschließen, zu einer Zukunft in „Feuer und Schwefel" verdammt sind. Oft beherrschen die Frommen die Herzen der Menschen und schreiben ihnen vor, was richtig und was falsch ist, während wir pflichtbewusst ihre Säckel mit unserem sauer verdienten Geld füllen. Viele folgen dem „geschriebenen Wort", um sich „vor der Sünde zu retten", nur um zu erkennen, dass die Politik des jüngsten Gerichtes ihre Freiheit, dem eigenen Herzen, der eigenen Intuition und dem eigenen Sinn für das, was richtig und falsch ist, zu folgen, im Würgegriff hält.

Würdest du bereitwillig deine Freiheit für eine Lebensweise aufgeben, die auf Geschichten und Geboten basiert, die euch vor so langer Zeit gegeben wurden, dass ihre Authentizität in keiner bekannten Weise überprüft werden kann? Kriege sind geführt worden aufgrund dieser Dokumente, Menschen wurden eingekerkert, gefoltert und getötet – alles im Namen von irgendeinem Buch, von dem jemand mal gesagt hat, dass es heilig wäre. Man könnte das sogar auch über die *Smaragdtafeln* sagen. Es sind alte Dokumente, von denen ich, Thoth, gesagt habe, dass sie erfüllt sind mit Wahrheiten, die gebracht wurden, um die Menschheit zu erheben und zu erleuchten. Da kommen wir nun zu der uralten Frage, wie man die Wahrheit von der Lüge unterscheiden kann.

Die *Smaragdtafeln*, die ich, Thoth, sehr gut kenne, sind tatsächlich uralte Wahrheiten, die herausgegeben wurden, um die Menschheit zu erheben und zu erleuchten. In ihnen liegen Instruktionen und Lektionen, die, wenn sie korrekt befolgt werden, dir den Wahrheitsgehalt dieses Wissens zeigen. Wenn man *Die Smaragdtafeln für die Neue Zeit* studiert, wird Wissen mitgeteilt, das einem hilft, das menschliche Bewusstsein in einer Art und Weise zu verstehen, die uns mit dem Göttlichen verbindet. Wenn man anfängt, sich seines Einsseins zu erinnern und Zugang zu diesem Bewusstseinszustand bekommt, erkennt man, dass die Wahrheit sich ständig verändert, genau wie unser Universum. Die Reise, die wir angetreten haben, um all das zu verstehen, hat viele Kehren und Wendungen genommen, einige im Bereich der Ekstase und einige im Bereich der Qual. Die einzige Hölle und Schwefel, die vielleicht für uns vorgesehen sind, ist die Hölle, die ein jeder von uns erschafft durch ein Leben in Unbewusstheit und Ignoranz.

Lasst uns einen Zeitsprung machen zurück in die Zeit von Khem. Als ich, Thoth, ihnen geholfen hatte, wieder auf die Beine zu kommen, war die Zeit für mich gekommen, Khem zu verlassen und wieder in die Hallen von Amenti zurückzukehren. Einige hundert Jahre, nachdem ich sie verlassen hatte, hatten sie die alten Wahrheiten vergessen, die ich sie gelehrt hatte. Das war zu der Zeit, als die *Smaragdtafeln* mir das erste Mal gegeben wurden, um sie den Kindern von Khem mitzuteilen. Nachstehend kannst du mehr über diese Geschichten lesen.

Hört und lauscht, oh ihr Kinder von Khem,
meinen Worten, die euch zum Licht bringen werden.
Ihr wisst, dass ich eure Väter kannte,
in einer lang vergangenen Zeit.
Ohne Tod bin ich durch all die Zeitalter
hindurch gewesen,
als ich unter euch lebte, seit eurer Wissen begann.
Ich war bestrebt, euch nach oben
in das Licht der großen Sonne zu führen
und euch aus der Dunkelheit der Nacht zu ziehen.

Wisset, ihr Menschen, unter denen ich gewandelt bin,
dass ich, Thoth, alles Wissen und alle Weisheit habe,
die den Menschen seit Urzeiten bekannt sind.
Ich war der Hüter
der Geheimnisse dieser großen Rasse,
Hüter des Schlüssels, der ins Leben führt.
Erzieher bin ich euch gewesen, meine Kinder,
selbst aus der Dunkelheit in grauer Vorzeit.
Lauscht nun den Worten meiner Weisheit.
Lauscht nun der Botschaft, die ich euch bringe.
Hört nun die Worte, die ich euch sage

und ihr werdet aus der Dunkelheit
ins Licht erhoben werden.
In lang vergangener Zeit, als ich zu euch kam,
fand ich euch in den Felsenhöhlen vor.
Ich erhob euch durch meine Macht und Weisheit,
bis ihr als Lichter geleuchtet unter den Menschen.
Ich fand euch ohne jegliches Wissen vor.
Nur wenig hattet ihr den Tieren voraus.
Ich schürte den Funken eures Bewusstseins,
bis schließlich eure Flamme erstrahlte.

Nun spreche ich zu euch von Wissen,
dessen Alter das Vorstellungsvermögen
eurer Rasse übersteigt.
Wisset, dass wir von der Großen Rasse
mehr Wissen hatten und haben als die Menschen.
Wir erlangten Weisheit von den
sternengeborenen Rassen,
Weisheit und Wissen, das weit jenseits
der Weisheit und des Wissens der Menschen ist.
Zu uns hinuntergestiegen sind die Meister der Weisheit,
sie waren so weit jenseits von uns,
wie ich es von euch bin.
Lauscht nun, während ich euch Weisheit gebe.
Gebraucht sie und ihr werdet frei sein.

Wisse, dass in der Pyramide, die ich baute,
der Schlüssel liegt, der dir den Weg zeigen wird.

Zieh eine Linie von dem großen Standbild,
das ich nördlich der Pyramide errichtete,
zu dem Scheitelpunkt des Zugangs,
den ich unter der Pyramide erbaute.
Zieh eine weitere entgegengesetzte Linie
im gleichen Winkel und in der gleichen Richtung.
Dort grabe und finde, was ich dort verborgen habe.
Dort wirst du den unterirdischen Eingang finden,
der zu Geheimnissen führt, die verborgen wurden,
bevor ihr geboren wurdet.

Nun werde ich euch vom Mysterium der Zyklen
berichten, deren Bewegungsweise fremdartig ist für das
Endliche, denn sie ist unendlich jenseits des
menschlichen Wissens.
Wisse, dass es neun Zyklen gibt,
neun oben und vierzehn unten,
sie bewegen sich harmonisch hin zu dem Ort
der Vereinigung, der in der Zukunft der Zeit existieren
wird. Wisse, dass die Herren der Zyklen
Bewusstseinseinheiten sind,
die von den Anderen gesandt wurden,
um alles hier mit Allem zu vereinigen.

Sie sind vom höchsten Bewusstsein aller Zyklen
und arbeiten in Harmonie mit dem Gesetz.
Sie wissen, dass mit der Zeit alles vervollkommnet
sein wird

und nichts mehr über und nichts mehr unter sich haben
wird, nur noch All-Eins in vollkommener Unendlichkeit,
eine Harmonie von Allem im Einssein mit Allem.

Tief unter der Oberfläche der Erde
in den Hallen von Amenti sitzen die Sieben,
die Herren der Zyklen,
und noch ein weiterer, der Herr von Unten.
Doch wisse, in der Unendlichkeit
gibt es weder ein Oben noch ein Unten.
Denn für immer ist und wird sein
das Einssein von Allem, wenn alles vollkommen ist.
Oft stand ich vor den Herren von Allem,
trank aus der Quelle ihrer Weisheit und füllte
meinen Körper und meine Seele mit ihrem Licht.

Sie sprachen zu mir und erzählten mir von den Zyklen
und von dem Gesetz, das ihnen die Möglichkeit gibt
zu existieren.
Der Herr der NEUN sprach zu mir:
„Oh Thoth, groß bist du unter den Kindern der Erde,
doch gibt es Mysterien, von denen du nichts weißt.
Du weißt, dass du von einer Raumzeit unter dieser
kommst und du weißt, dass du in eine jenseitige
Raumzeit reisen wirst.
Doch du weißt wenig von den Mysterien in ihnen
und wenig weißt du von der jenseitigen Weisheit.
Wisse, dass in der Gesamtheit dieses Bewusstseins

du nur eine Zelle bist in diesem Wachstumsprozess.
Das Bewusstsein unter dir dehnt sich immer weiter aus
auf unterschiedliche Arten, die dir unbekannt sind.
Doch in der Raumzeit unter dir wächst es immer weiter
auf eine Art und Weise, die sich von der deinen
unterscheidet.
Denn wisse, dass es wächst als Folge deines Wachstums,
doch nicht in der gleichen Weise, wie du gewachsen bist.

Das Wachstum, das du hattest und gegenwärtig hast,
hat eine Ursache und Wirkung geschaffen.
Kein Bewusstsein folgt dem Weg derer, die vor ihm
kamen, denn dann würde all das eine Wiederholung sein
und fruchtlos.
Jedes Bewusstsein folgt in dem Zyklus,
in dem es existiert,
seinem eigenen Pfad zum endgültigen Ziel.
Jedes spielt seine Rolle im Plan des Universums.
Jedes spielt seine Rolle im letzten Ende.
Je weiter man sich im Zyklus befindet,
desto größer ist sein Wissen und seine Fähigkeit
das Gesetz von Allem zu verstehen.

Wisse, dass ihr in den Zyklen unter uns
an kleineren Teilen des Gesetzes arbeitet,
während wir in dem Zyklus, der sich in die Unendlichkeit
erstreckt, euer Bemühen übernehmen und ein größeres
Gesetz bilden.

Jedes hat seine eigene Rolle in den Zyklen zu spielen.
Jedes hat sein Werk auf seine Art zu vollenden.
Der Zyklus unter euch ist jedoch nicht wirklich unter
euch, er wurde nur geformt für ein existierendes
Bedürfnis.
Denn wisse, dass die Quelle der Weisheit,
die die Zyklen aussendet,
ewiglich neue Kräfte zu erlangen sucht.
Wisse, dass Wissen nur durch Übung erlangt werden
kann, und Weisheit entsteht nur aus Wissen
und auf diese Weise wurden die Zyklen
durch das Gesetz geschaffen;
sie sind ein Mittel für die Ebene des Gesetzes,
das die Quelle von Allem ist,
zum Erlangen von Wissen.

Der untere Zyklus ist in Wahrheit nicht unten,
sondern nur anders in Raum und Zeit.
Das Bewusstsein dort arbeitet und erprobt
geringere Dinge, als die, an denen du arbeitest.
Und wisse, gerade so wie du an größeren Dingen
arbeitest, so sind über dir diejenigen, die an noch
anderen Gesetzen arbeiten.
Der Unterschied zwischen den Zyklen
besteht nur in der Fähigkeit, mit dem Gesetz zu arbeiten.
Wir, die unser Sein in Zyklen jenseits dem deinen haben,
sind diejenigen, die zuerst aus der Quelle kamen
und wir haben auf dem Weg durch Raum und Zeit

die Fähigkeit erlangt, die Gesetze des Höheren,
die weit jenseits der Vorstellungskraft des Menschen
liegen, anzuwenden.
Es gibt nichts, was wirklich unter dir ist,
es ist lediglich eine andere Handhabung des Gesetzes.

Schaust du nach oben oder schaust du nach unten,
überall wirst du dasselbe finden,
denn alles ist ein Teil des Einsseins,
das an der Quelle des Gesetzes liegt.
Diejenigen mit einer niedrigeren Bewusstseinsstufe
sind ebenso ein Teil von dir.
Als Kind hattest du nicht das Wissen,
das zu dir kam, als du ein Mann wurdest.
Vergleiche die Zyklen mit dem Menschen
in seiner Reise von Geburt bis zum Tod
und siehe in dem Zyklus unter dir
das Kind mit dem Wissen, das er hat.
Sieh dich selbst als das ältere Kind,
das mit der Zeit an Wissen zulegt.
Sieh auch das Kind, das zum Mann geworden ist,
mit dem Wissen und der Weisheit,
die mit den Jahren kommt.

So sind also, oh Thoth, die Zyklen des Bewusstseins,
Kinder in unterschiedlichen Wachstumsstadien,
und doch alle aus derselben einen Quelle, der Weisheit,
und alle kehren wieder zu der Weisheit zurück."

Dann hörte er auf zu sprechen
und verweilte in der Stille,
die den Herren eigen ist.

Dann sprach er wieder zu mir und sagte:
„Oh Thoth, lange haben wir in Amenti verweilt
und die Flamme des Lebens in den Hallen gehütet.
Doch wisse, wir sind immer noch Teil unserer Zyklen,
unser Sehen reicht bis hin zu ihnen und darüber hinaus.
Von allem wissen wir, dass außer dem Wachstum,
das wir mit unserer Seele erreichen können, nichts
wichtig ist.

Wir wissen, dass das Fleisch vergänglich ist.
Die Dinge, die die Menschen als groß und wichtig
erachten, bedeuten uns nichts.
Die Dinge, die wir suchen, haben nichts mit dem Körper
zu tun, sondern sind nur der vervollkommnete Zustand
der Seele.

Wenn ihr als Menschen lernen könnt,
dass am Ende nur der Fortschritt der Seele zählt,
dann seid ihr wahrlich frei von der Knechtschaft,
frei um in Harmonie mit dem Gesetz zu arbeiten.

Wisse, oh Mensch, du solltest Vollkommenheit anstreben,
denn nur dann kannst du das Ziel erreichen.
Doch solltest du wissen, dass nichts vollkommen ist,
trotzdem sollte es dein Streben und dein Ziel sein.“

Die Stimme von NEUN verklang erneut
und die Worte sanken in mein Bewusstsein.
Nun suche ich immer mehr Weisheit,
auf dass ich vollkommen im Gesetz mit Allem sein möge.
Bald gehe ich hinunter in die Hallen von Amenti,
um bei der kalten Blume des Lebens zu sein.
Diejenigen, die ich unterrichtete,
werden mich nimmer mehr sehen.
Und doch lebe ich für immer in der Weisheit,
die ich lehrte.

Alles, was der Mensch ist,
ist er aufgrund seiner Weisheit.
Alles, was er sein wird,
hat er selbst in der Hand.
Lausche nun meiner Stimme
und werde größer als der gewöhnliche Mensch.
Hebe deine Augen nach oben,
lass Licht dein Sein erfüllen.
Sei immer ein Kind des Lichtes.
Nur durch Bemühen wirst du aufwärts wachsen
zu der Ebene, auf der du eins bist mit Allem.
Sei der Meister von allem, was dich umgibt.
Lass dich niemals von den Auswirkungen
deines Lebens beherrschen.
Erschaffe immer noch vollkommenere Ursachen
und mit der Zeit wirst du eine Sonne des Lichtes sein.

Lass deine Seele frei aufsteigen, immer aufwärts,
befreit von der Knechtschaft und den Fesseln der Nacht.
Erhebe deine Augen zu der Sonne im Himmelsraum.
Lass sie ein Symbol des Lichtes für dich sein.
Wisse, dass du das höhere Licht bist,
vollkommen in deiner eigenen Sphäre,
und dass du frei bist.

Schau niemals in die Schwärze.
Erhebe deine Augen zu dem Raum über dir.
Lass dein Licht frei empor flammen
und du wirst ein Kind des Lichtes sein.

Kapitel 16

Ursache und Wirkung

Während der Mensch durch sein Leben geht, werden Konzepte über die Kräfte der Schöpfung aufgestellt. Es gibt immer einen Grund oder eine Ursache für jedwede Handlung oder Auswirkung. Wenn du still auf einem Holzscheit sitzt und der Welt um dich herum zuschaust als der Beobachter, dann beobachtest du das oder bist der Zeuge dessen, was passiert. Diejenigen, die sich mit ihren kreativen Gedanken oder Handlungen beteiligen, werden Teil der Dynamik und damit fähig, das, was um sie herum ist, zu beeinflussen. Aktive Beteiligung am Leben ist der Schlüssel zum Erreichen seiner Ziele. Untätigkeit schafft oft Langeweile oder Depression. Kreativität bewegt die Welt.

Etwas, woran du immer denken solltest, ist die Tatsache, dass du der Magier bist, der die Entscheidungen trifft, die dich näher an deine Hoffnungen und Träume heranbringen. Deine Absicht baut das, was du dir erträumst, zusammen mit deinen Handlungen, sei es nun groß oder klein. Wir sind die Schöpfer der Welt um uns herum. Je aktiver wir sind, desto mehr können wir erschaffen. Das Ziel besteht darin, sicherzustellen, dass unsere Schöpfungen positiv sind, dass es gute Wege sind, die die Welt um uns herum verbessern, wenn wir unser Einssein akzeptieren und unseren Zweck hier auf Erden verstehen.

Alles wächst und dehnt sich aus auf der Grundlage dessen, was in der Welt oder im Universum um uns herum geschieht. Stell dir eine Welt vor voller ausdehnendem Wissen. Stell dir vor, wie du versuchst, dieses ganze Wissen zu verdauen und zu verstehen. Stell dir vor, wie du dieses Wissen mit anderen teilst. Stell dir vor, dass es keine Begrenzung der Vorstellungskraft gibt und dann wirst du wirklich bereit sein, ein Teil der Welt deiner Träume zu sein.

Hör auf die Stimme von Thoth, dem Atlanter;
höre die Worte meiner Weisheit.
Ich habe das Gesetz von Raum und Zeit überwunden.
Ich habe Wissen erlangt über die Zukunft der Zeit.
Ich weiß, dass der Mensch in seinen Bewegungen
durch Raum und Zeit eins ist mit Allem.

Wisse, dass die gesamte Zukunft
wie ein offenes Buch ist,
wenn du das Gesetz verstehst.
Jede Wirkung wird ihre Ursachen hervorbringen,
genauso wie alle Wirkungen aus der ersten Ursache
entstanden sind.
Wisse, dass die Zukunft nicht festgelegt ist
sondern sich verändert, wenn eine Ursache
eine Wirkung hervorbringt.
Schau auf die Ursache, die du erschaffen wirst,
und du wirst sicher sehen, dass alles Wirkung ist.

So sorge dafür, dass die Wirkungen,
die du hervorbringst, immer Ursachen von
noch vollkommeneren Wirkungen sind.
Wisse, dass die Zukunft niemals festgelegt ist,
sie folgt dem freien Willen des Menschen,
der sich durch die Bewegungen von Raum und Zeit
auf sein Ziel in der Schöpfung hin bewegt.
Der Mensch kann die Zukunft nur durch die
Ursachen, die die Wirkungen hervorbringen, lesen.
Suche in der Verursachung
und du wirst sicher die Wirkungen finden.

Höre, während ich von der Zukunft spreche,
spreche ich von der Wirkung, die der Ursache folgt.
Wisse, dass der Mensch auf seiner Reise ins Licht
immer versucht, der Nacht zu entkommen,
die ihn umgibt.
Wie die Schatten, die die Sterne am Himmel umgeben
und wie die Sterne im Himmelsraum,
wird auch er erstrahlen aus den Schatten der Nacht.
Sein Schicksal wird ihn immer vorwärts führen,
bis er eins ist mit dem Licht.
Obwohl sein Weg inmitten der Schatten liegt,
glüht vor ihm immer das große Licht.

So dunkel der Weg auch sein mag,
er wird dennoch die Schatten bezwingen,
die um ihn herum fließen wie die Nacht.

In der fernen Zukunft sehe ich den Menschen als
Lichtgeborenen, frei von der Dunkelheit,
die die Seele fesselt,
und er lebt im Licht ohne die Bindungen der Dunkelheit,
die das Licht seiner Seele bedeckt.
Wisse, dass, bevor du dieses erreichst,
viele Schatten auf dein Licht fallen werden,
die danach streben, die Seele, die frei sein möchte,
mit den Schatten der Dunkelheit auszulöschen.

Der Kampf ist groß zwischen Licht und Dunkelheit,
uralt und doch neu.
Wisse, dass in einer Zeit in der fernen Zukunft
alles Licht sein und die Dunkelheit fallen wird.
Höre meine Worte der Weisheit.
Bereite dich vor und du wirst dein Licht nicht binden.
Der Mensch ist aufgestiegen und auch wieder gefallen,
wenn neue Bewusstseinswellen
aus dem großen Abgrund unter uns
zu der Sonne ihres Zieles fließen.

Ihr, meine Kinder [von Khem]
seid aufgestiegen von einem Zustand,
der nicht viel mehr als der eines Tieres war,
bis ihr nun unter den Menschen die Größten seid.
Vor euch waren andere größer als ihr;
vor euch sind andere gefallen,
so werdet auch ihr zu einem Ende kommen.

Auf dem Land, in dem ihr jetzt lebt,
werden Anfänger leben und sich ins Licht erheben.
Die alte Weisheit wird vergessen sein,
und doch wird sie leben, verborgen vor den Menschen.

In dem Land, das ihr einst Khem nanntet,
werden Rassen aufsteigen und untergehen.
Vergessen werdet ihr sein unter den Kindern
der Menschen.
Doch ihr werdet in einen Sternenraum
weiter gezogen sein
und den Ort hinter euch lassen, an dem ihr gelebt habt.
Die Seele des Menschen bewegt sich immer vorwärts,
nicht gebunden an irgendeinen Stern,
doch stets auf dem Weg zu dem großen Ziel,
das vor ihr liegt,
wo sie sich im Licht des Ganzen auflöst.
Wisse, dass du immer vorwärts gehen wirst,
angetrieben durch das Gesetz von Ursache und Wirkung
bis am Ende beide eins werden.

Mensch, nachdem du gegangen bist,
werden andere an die Orte ziehen,
an denen du gelebt hast.
Wissen und Weisheit werden vergessen sein,
und nur eine vage Erinnerung an Götter wird bleiben.
So wie ich für euch ein Gott bin durch mein Wissen,
so werdet auch ihr Götter sein für jene,
die nach euch kommen,

da euer Wissen weit über ihrem sein wird.
Doch wisse, dass durch die Zeitalter hindurch
der Mensch Zugang hat zum Gesetz, so er es will.

In zukünftigen Zeitaltern wird es eine
Wiederbelebung der Weisheit geben bei denen,
die euren Platz auf diesem Stern übernehmen werden.
Sie werden ebenfalls zur Weisheit kommen und
lernen, die Dunkelheit mit dem Licht zu verbannen.
Doch werden sie sich durch die Zeitalter hindurch
sehr bemühen müssen, um die Freiheit des Lichtes zu
erlangen.

Dann wird unter den Menschen der große Krieg
ausbrechen, der die Erde beben lassen und sie in
ihrem Kurs erschüttern wird.
Die dunklen Brüder werden dann den Krieg
zwischen dem Licht und der Nacht ausnützen.

Wenn der Mensch erneut den Ozean bezwingt
und in der Luft auf Flügeln fliegt wie die Vögel;
wenn er gelernt hat, sich den Blitz nutzbar zu machen,
dann wird der Krieg beginnen.
Groß wird die Schlacht sein zwischen den Mächten,
groß der Krieg zwischen der Dunkelheit und dem Licht.
Eine Nation wird sich gegen die andere erheben
und sie werden die dunklen Kräfte benutzen,
um die Erde zu zerschmettern.

Mächtige Waffen werden viele Menschen töten,
bis eine Menschenrasse fast zur Gänze verschwunden sein wird.

Dann werden die Sonnen des Morgens hervorkommen
und ihr Edikt den Kindern der Menschen verkünden:
„Oh ihr Menschen, lasst ab vom Kampf gegen eure Brüder.
Nur dann könnt ihr zum Licht kommen.
Lasst ab von eurem Unglauben, Brüder,
folgt dem Pfad und wisset, dass ihr Licht seid."

Dann werden die Menschen aufhören zu kämpfen,
Bruder gegen Bruder, und Vater gegen den Sohn.
Eines Tages wird sich die alte Heimat meines Volkes wieder von ihrer Stätte unter den dunklen Wellen des Ozeans erheben.
Dann wird das Zeitalter des Lichtes auf der Erde regieren
und alle Menschen werden das Licht als ihr Ziel ehren.
Dann werden die Brüder des Lichtes die Menschen regieren und die Dunkelheit der Nacht wird verbannt sein.

Die Kinder der Menschen werden sich vorwärts und aufwärts ihrem großen Ziel entgegen entwickeln.
Zu Kindern des Lichtes werden sie.
Ihre Seelen werden fortan immer eine Flamme der Flamme sein.

Wissen und Weisheit werden im Großen Zeitalter
des Menschen sein,
denn er wird sich der Ewigen Flamme nähern,
der Quelle aller Weisheit,
der Ort, wo alles begann,
der doch eins ist mit dem Ende aller Dinge.

In einer Zeit, die jetzt noch ungeboren ist,
wird alles eins sein und eins wird alles sein.
Der Mensch, eine vollkommene Flamme,
wird vorwärts schreiten zu einem Ort jenseits der Sterne;
er wird sich sogar aus dieser Raumzeit heraus
in eine andere Existenz jenseits der Sterne bewegen.

Lange habt ihr mir nun zugehört, meine Kinder,
lange habt ihr der Weisheit von Thoth gelauscht.
Nun werde ich euch verlassen, um in die Dunkelheit
zu gehen.
Nun werde ich in die Hallen von Amenti gehen,
um dort in der Zukunft zu verweilen,
wenn das Licht wieder zum Menschen kommt.
Wisset, dass mein Geist stets bei euch sein
und eure Füße auf dem Pfad des Lichtes führen wird.
Hütet die Geheimnisse, die ich bei euch lasse,
und sicher wird mein Geist euch durch das Leben
hindurch beschützen.

Haltet eure Augen auf den Pfad zur Weisheit gerichtet
und lasst das Licht immer euer Ziel sein.
Fesselt eure Seele nicht in der Knechtschaft der
Dunkelheit.

Frei lasst sie aufsteigen auf ihrem Flug zu den Sternen.
Nun werde ich fortgehen, um in Amenti zu verweilen.
Ihr seid meine Kinder in diesem und im nächsten Leben.
Die Zeit wird kommen, wenn auch ihr unsterblich seid,
wenn ihr von Zeitalter zu Zeitalter lebt,
als Licht unter den Menschen.

Bewacht den Eingang zu den Hallen von Amenti
und bewacht die Geheimnisse, die ich unter euch
verborgen habe.
Lasst nicht zu, dass die Weisheit in die Dunkelheit
geworfen wird.
Haltet sie geheim für die, die das Licht suchen.
Nun werde ich gehen.
Empfangt meinen Segen.
Geht meinen Weg und folgt dem Licht.

Verbindet eure Seele mit der großen Essenz.
Lasst euer Bewusstsein eins sein mit dem großen Licht.
Ruft mich, wenn ihr mich braucht.
Dann sprecht meine Namen dreimal hintereinander:
Chequetet, Arelich, Volmalites.
[*Tschekətet, Arelich, Wolmalaitis*]

Kapitel 17

Leben und Tod

Durchgänge ... Leben und Tod sind nichts anderes als Durchgänge in neue, andere Ausdrucksweisen des Selbst. Geh mit mir und du wirst sehen, dass alles so ist wie es sein sollte. Das Leben in der menschlichen Form ist nur ein kurzer Moment in der Gesamtheit deiner Existenz. Selbst wenn du deine vielen, vielen Inkarnationen in verschiedenen Erfahrungen berücksichtigst, ist das nicht einmal im Ansatz vergleichbar mit deiner Beziehung zur Ganzheit von Allem-Was-Ist. Genieße das Leben in der menschlichen Form solange es da ist, denn es ist einzigartig und eine großartige Chance um zu verstehen. Wenn man sich in die physischen Schöpfungen dieser Welt hinein wagt, kann man darüber nachdenken, welche bedeutsame Wirkung ein menschliches Wesen auf die Veränderungen haben kann, die auf diesem Planeten stattfinden. Wir sind zusammen ein lebender, atmender Mechanismus, der wirklich die Erkältungen, Tränen und das, was jedem einzelnen lebenden Teil der Erde passiert, einschließlich der Erde selbst, erlebt.

Die Sonne geht auf, der Mechanismus erhebt sich. Die Sonne geht unter, der Mechanismus wird langsamer und bereitet sich darauf vor, sich auszuruhen, um dann das Sonnenlicht erneut zu begrüßen. Die Zyklen der Erde beeinflussen die Zyklen der

Menschen. Frühling, Sommer, Herbst und Winter bewegen sich vorwärts, bringen ihre einzigartigen Eigenschaften zum Ausdruck, während das Rad der Jahreszeiten seine Drehungen durchläuft. Beachte die wunderschöne Synchronizität, die die Zyklen der Menschheit bestimmt und unsere intime Beziehung mit dem Planeten, auf dem wir reisen, verfestigt – der Planet, der uns alles gibt, was wir brauchen, um während unserer menschlichen Existenz zu überleben.

Wo würden wir sein, ohne die liebevolle Unterstützung des Planeten Erde? Und wie haben wir uns revanchiert? Viele haben die Erde vergewaltigt und ausgeplündert, als ob ihre Schönheit unendlich und ihre Gefühle nicht existent wären. Wir können ein ganz schön undankbarer Haufen sein, der sich nicht darum kümmert, was für Auswirkungen unsere Vernachlässigung auf die Erde haben kann. Diejenigen, die in dieser Weise auf unsere lebendige Erde einwirken, leugnen, dass sie das ineinander verzahnte, gleichlaufende Gangwerk des Lebens hier stören, sogar dann noch, wenn die Dinge beginnen auseinander zu fallen, aufgrund ihrer ständigen Vernachlässigung und ihres ständigen Missbrauchs.

Viele Menschen verstehen, dass wir die *Betreuer* dieses Planeten sein sollen und nicht seine Eroberer. Eroberer übernehmen einfach ein Gebiet, fügen es ihrer Landkarte von erworbenem Gebiet hinzu und ziehen aus, um einen weiteren Teilbereich des Planeten zu erobern. Die Betreuer lieben jeden Berg und jedes Tal, auf dem sie gehen und opfern ihre Zeit und ihre Energie, um ihren kostbaren Planeten zu tragen und zu pflegen. Sie schaffen Zeremonien der Dankbarkeit, ehren die Zyklen und feiern den Reichtum, den die Erde denen gibt, die bereit sind, ihn zu empfangen und die Fülle und die Liebe zu teilen. Je mehr diese Liebe geteilt wird, desto mehr kommen die Gaben zurück, vervielfachen sich und erlauben allem Leben auf der Erde, seinen Tanz im Überfluss mit großer Schönheit und in göttlicher Gnade fortzuführen.

Der Tod ist auch ein wichtiger Bestandteil des Prozesses, wenn ein Zyklus endet und ein anderer beginnt – ein Weitergehen des Alten, wenn das Neue sich wieder erhebt. Die Veränderung ist ein Vorläufer des Todes, daher begrüße die Veränderung und die Erfahrung des Todes als Ausbildungsschritt von einer Ebene des Verstehens in die nächste. Ein Urlaub bringt dich von einem Ort zu einem anderen für eine nötige Abwechslung - um etwas anderes und Aufregenderes zu erleben als das, was du von Tag zu Tag erlebst. Denke dir den Tod als Urlaub, eine neue und andere Erfahrung, die nicht so wie jede andere ist. Dann wird es dir viel leichter fallen, deinen Tod und den anderer zu begrüßen, wenn die Zyklen voranschreiten auf diesem Planeten.

Dieses Kapitel bietet besondere Prozesse, um einerseits dein physisches Leben zu verlängern und um es andererseits zu beenden, wenn deine Zeit gekommen ist. Es gibt Prozesse, die die synchrone Reise des menschlichen Lebens ergänzen, wenn wir im Einklang und im Gleichgewicht mit der Energie der Erde sind. Lies sorgfältig und folge und sei aufmerksam, denn wenn man einmal ins Gleichgewicht zurückgekehrt ist und anfängt, mit dem Ein- und Ausatmen allen Lebens zu fließen, reagieren alle Dinge synchroner aufeinander.

Lausche und höre die Weisheit.
Höre das Wort, das dich mit Leben erfüllen wird.
Höre das Wort, das die Dunkelheit verbannen wird.
Höre die Stimme, die die Nacht verbannen wird.
Geheimnis und Weisheit habe ich
meinen Kindern gebracht,
Wissen und Macht aus alten Zeiten.
Weißt du nicht, dass sich alles öffnen wird,
wenn du das Einssein mit Allem findest?

Eins wirst du sein mit den Meistern der Mysterien,
mit den Bezwingern des Todes und den Meistern
des Lebens.
Du wirst von der Blume von Amenti
die Blüte des Lebens lernen, die in den Hallen scheint.
Im Geist wirst du die Hallen von Amenti erreichen
und die Weisheit, die im Licht lebt, zurückbringen.

Wisse, dass das Tor zur Macht geheim ist.
Wisse, dass das Tor zum Leben durch den Tod führt,
aber nicht den Tod, wie du ihn kennst.
Der Tod ist nichts als das Leben,
das mit Feuer und Licht gefüllt ist.

Wünschst du die tiefen, verborgenen Geheimnisse
zu kennen?
Schau in dein Herz, wo das Wissen gebunden ist.
Wisse, dass das Geheimnis in dir verborgen ist,
das die Quelle allen Lebens
und die Quelle allen Todes ist.
Lausche während ich dir das Geheimnis
aus alter Zeit enthülle.

Tief im Herzen der Erde liegt die Blume,
die Quelle des Geistes, der alles in seine Form bindet.
Wisse, dass die Erde in einem Körper lebt,
so wie du in deiner eigenen gebildeten Form
lebendig bist.
Die Blume des Lebens ist wie dein eigener Ort
des Geistes
und strömt durch die Erde,
wie deiner durch deine Form fließt,
der Erde und ihren Kindern Leben spendend,
den Geist erneuernd von Form zu Form.
Das ist der Geist, der deinem Körper Form gibt,
in deine Form gestaltend und bildend.

Wisse, dass deine Form dual ist,
in der Polarität ausgeglichen,
während sie in ihrer Form gebildet ist.
Wisse, dass wenn der Tod sich dir nähert,
dies geschieht, weil dein Gleichgewicht verloren wurde.

Wahrscheinlich, weil ein Pol verloren gegangen ist.
Wisse, dass das Geheimnis des Lebens in Amenti
von der Wiederherstellung des Gleichgewichtes der
Pole handelt.
Alles, was existiert hat eine Form und lebt
aufgrund des Lebensgeistes in seinen Polen.

Siehst du nicht, dass im Herzen der Erde
alle Dinge sind, die jemals auf ihrer Oberfläche
existiert haben?
Die Quelle deines Geistes ist
verbunden mit dem Herzen der Erde,
denn in deiner Form bist du eins mit der Erde.
Wenn du gelernt hast, dein Gleichgewicht zu erhalten,
wirst du dich am Gleichgewicht der Erde erhalten.
Du wirst dann existieren, so lange die Erde existiert,
wirst deine Form nur dann ändern, wenn die Erde sich
verändert, du wirst den Tod nicht schmecken, sondern du
wirst eins sein mit diesem Planeten, deine Form erhalten,
bis alles dahin geht.

Lausche, während ich das Geheimnis verrate,
so dass auch du die Veränderung nicht mehr
erfahren musst.
Für eine Stunde an jedem Tag
sollst du liegen, deinen Kopf auf den positiven Pol
(Nordpol) ausgerichtet.
Für eine Stunde an jedem Tag

sollst du liegen, deinen Kopf auf den negativen Pol
(Südpol) ausgerichtet.
Wenn dein Kopf nach Norden liegt,
richte dein Bewusstsein
von der Brust zum Kopf.
Wenn dein Kopf nach Süden liegt,
richte dein Bewusstsein
von der Brust auf die Füße.

Dann halte dich einmal in sieben Tagen im
Gleichgewicht, und dein Körper wird Kraft und
Gleichgewicht behalten.
Wenn du alt bist, wird dein Körper erfrischt
und deine Kraft wird die eines jungen Menschen sein.
Das ist das den Meistern bekannte Geheimnis,
mit dem sie den Finger des Todes von sich fernhalten.
Folge dem Pfad, den ich dir zeigte,
denn wenn deine Jahre an die Hundert kommen,
bedeutet es das Nahen des Todes, wenn du ihn
vernachlässigst.
Hör meine Worte und folge dem Pfad.
Halte dein Gleichgewicht und lebe fort im Leben.

Höre dies und lausche meiner Stimme.
Lausche der Weisheit, die dir den Tod erlässt.
Wenn du am Ende der dir bestimmten Arbeit
aus diesem Leben zu scheiden wünschst,
geh hinüber zu der Ebene,
wo die Söhne des Morgens leben,

und Kinder des Lichtes gewesen sind.
Geh hinüber zu der Ebene des Ewigen Lichtes,
ohne Schmerz und ohne Trauer.

Zuerst lege dich so, dass dein Kopf nach Osten zeigt.
Falte deine Hände an der Quelle deines Lebens
(Solarplexus).
Verlagere dein Bewusstsein an den Sitz des Lebens
(Drittes Auge).
Verwirble dein Bewusstsein und teile es in zwei Teile.
Den einen sende nach Norden.
Den anderen sende nach Süden.
Entspanne dann ihren Zugriff auf dein Leben.
Dann wird aus deiner Form der silberne Funke fliegen,
aufwärts und vorwärts zu den Söhnen des Morgens,
sich mit dem Licht vereinend und eins mit der Quelle.

Dort wird er leuchten bis wieder ein Wunsch entsteht;
dann wird er zu einem Ort in einer Form zurückkehren.
Wisse, dass auf diese Weise die großen Seelen
hinübergehen,
nach Belieben von Leben zu Leben wechseln.
Und so geht der Avatar hinüber,
seinen Tod und sein Leben selbst bestimmend.

Lausche und trink von meiner Weisheit.
Lerne das Geheimnis kennen, das Meister der Zeit ist.
Erfahre, wie die, die ihr Meister nennt,

sich an vergangene Leben erinnern können.
Groß ist das Geheimnis und doch leicht zu meistern,
es gibt dir die Herrschaft über die Zeit.

Wenn dein Tod schnell herankommt,
fürchte dich nicht, denn wisse, du bist Meister des Todes.

Entspanne deinen Körper,
leiste keinen Widerstand mit Anspannung.
Setz die Flamme deiner Seele in dein Herz.
Verschiebe es sodann schnell an den Sitz des Dreiecks
(Ende der Wirbelsäule).
Halte einen Augenblick inne, dann geh zu deinem Ziel.
Dieses, dein Ziel, ist der Ort zwischen deinen
Augenbrauen,
dort, wo die Erinnerung an das Leben herrschen soll.
Halte deine Flamme hier an dem Sitz deines Gehirns
bis die Finger des Todes nach deiner Seele greifen.
Dann, wenn du durch das Übergangsstadium gehst,
werden deine Erinnerungen mit Sicherheit auch mit
gehen.
Dann wird die Vergangenheit eins sein mit der
Gegenwart.
Dann wird die Erinnerung an alles bewahrt.
Frei wirst du dann sein von aller Rückentwicklung.
Die Vergangenheit wird in deiner Erinnerung leben.

Kapitel 18

Arulu wartet

Über der Erde und jenseits des Fassungsvermögens des Menschen findest du die Hallen von Arulu, wohin die Großen gegangen sind. Arulu ist erfüllt mit tief verborgener Weisheit, die verloren gegangen ist und von den Menschen dieses Zeitalters seit den Tagen des Residenten vergessen wurde. Dort werde ich, Thoth, mich zu den Großen gesellen, wenn meine Arbeit unter den Menschen beendet ist. Der Weg in die Sphären von Arulu ist mit Grenzen geschützt und wird nur denjenigen geöffnet, die vom höchsten Licht sind.

Drei ist das Mysterium, das von den Großen kommt. Studiere die Geheimnisse, die ich vor dir ausgebreitet habe. Wenn deine Seele von ihrer Dunkelheit gereinigt worden ist, dann magst auch du die Hallen von Arulu betreten. Sie werden von Geistwesen bewacht, die *wissen*, was in deinem Herzen ist, welche Lektionen du gelernt und welche du nicht gelernt hast, wo deine Loyalität liegt und warum du wähltest, Arulu zu besuchen. Versuche nicht, die Wächter, die du triffst, zu täuschen, denn ihre Augen sehen deine geheimsten Motive.

Um dieses erhabene Ziel zu erreichen, ist es hilfreich, von hohem Bewusstsein zu sein. Bedingungslose Liebe und reine Absicht werden dich durch das Tor bringen. Wenn du wahrhaftig daran interessiert bist zu wissen, was jenseits seiner Grenzen liegt, hör genau zu und ich, Thoth, werde dir helfen, den Weg zu erforschen. Es wäre klug, nur zu mir zu kommen, wenn deine Seele bereit ist, denn auch ich weiß, was in deinem Herzen vor sich geht.

Achte auf meine Worte, denn sie wurden sorgfältig gewählt. Geh voran mit Demut und Stärke, in dem Wissen, dass du bereit bist für die Initiation. Brich mit Mut auf zu dem, was vor dir liegt und höre genau auf dein Herz. Erwecke meine Brüder und Schwestern. Geh nun voran.

Lausche der tief verborgenen Weisheit,
die der Welt verloren gegangen ist
seit den Tagen des Residenten,
verloren und vergessen von den Menschen
dieses Zeitalters.
Wisse, dass die Erde nur ein Portal ist,
bewacht von dem Menschen unbekannten Mächten.
Die dunklen Herren verbergen den Eingang,
der zum vom Himmel geborenen Land führt.
Wisse, dass der Weg in die Sphäre von Arulu
mit Grenzen geschützt, und nur denen geöffnet wird,
die erfüllt sind vom Licht.

Auf der Erde bin ich der Hüter der Schlüssel.
Ich erhielt den Befehl von Mächten weit über mir,

die Schlüssel der Welt des Menschen zu überlassen.
Bevor ich nun gehe, werde ich dir die Geheimnisse geben,
wie du dich aus der Knechtschaft der Dunkelheit erheben kannst,
wie du die Fesseln, die dich banden, von dir werfen
und dich aus der Dunkelheit in das Licht erheben kannst.

Wisse, dass die Seele von ihrer Dunkelheit gereinigt werden muss,
bevor du die Portale des Lichtes betreten kannst.
Und so begründete ich die Mysterien unter euch,
damit die Geheimnisse jederzeit gefunden werden können.

Wenn auch der Mensch in die Dunkelheit fallen kann,
so wird doch das Licht immer als Führer leuchten.
Verborgen in der Dunkelheit, verschleiert in Symbolen,
so kann der Weg zu dem Portal immer gefunden werden.
Der Mensch der Zukunft wird die Mysterien leugnen,
doch der Suchende wird den Weg immer finden.

Bewahrt meine Geheimnisse.
Gebt sie nur denjenigen, die ihr geprüft habt,
so dass ihre Reinheit nicht verdorben wird,
so dass die Macht der Wahrheit obsiegen möge.
Lausche nun der Enthüllung des Mysteriums.
Mach es zu einem spirituellen Studium.

Es gibt zwei Bereiche zwischen diesem Leben und dem Großen, in die die Seelen, welche die Erde verlassen haben, reisen.
Duat ist die Heimat der Mächte der Illusion,
Sekhet Hetspet ist das Haus der Götter.
Osiris ist der Hüter des Portals,
der die Seelen von unwürdigen Menschen zurückweist.
Jenseits liegt die Sphäre der vom Himmel geborenen Mächte.
Arulu ist das Land, wo die Großen leben.

Dort werde ich mich zu den Großen gesellen,
wenn meine Arbeit unter den Menschen beendet ist.

Sieben Wohnungen gibt es im Haus des Allmächtigen;
drei Wachen stehen am Portal eines jeden Hauses,
um es vor der Dunkelheit zu beschützen.
Fünfzehn Wege führen nach Duat.
Es gibt zwölf Häuser der Herren der Illusion,
die in vier Richtungen schauen, eine jede von ihnen anders.
Es gibt zweiundvierzig große Mächte,
die über die Toten urteilen, die das Portal suchen.
Es gibt vier Söhne des Horus,
zwei von ihnen sind die Wachen von Ost und West.

Isis ist die Mutter, die für ihre Kinder bittet,
Königin des Mondes, die Sonne reflektierend,

und sie steht für alles, was richtig ist,
wenn das Urteil den Weg ebnet.

Ba ist die Seelenessenz, die ewig lebt,
Ka ist der Schatten, den der Mensch als Leben kennt.
Ka kommt erst, wenn Ba inkarniert ist.
Das sind Wahrheiten, die durch die Zeitalter hindurch
bewahrt werden müssen.
Sie sind Schlüssel zu Leben und Tod.

Höre nun die Mysterien;
lerne von dem Kreis, ohne Anfang und ohne Ende,
seine Form, der eins ist und in allem.
Lausche und höre es,
geh und wende es an,
dann wirst du den Weg gehen, den auch ich gehe.
Mysterien sind denjenigen klar, die erfüllt sind mit Licht.
Das Geheimnis von Allem werde ich nun enthüllen.
Dem Eingeweihten werde ich ein Geheimnis verkünden,
doch ich lasse die Tür unsichtbar sein für den
Uneingeweihten.

Drei ist das Mysterium,
das von den Großen kommt.
Hör dies und ein Licht wird dir aufgehen.

Uranfänglich lebten drei Einheiten.
Außer diesen kann nichts existieren.

Diese sind das Gleichgewicht,
die Quelle der Schöpfung,
und ein Gott, eine Wahrheit, ein Ort der Freiheit.
Die Drei kommt aus der Drei des Gleichgewichtes:
alles Leben, alles Gute, alle Macht.

Drei sind die Qualitäten Gottes in
seinem Haus des Lichtes:
unendliche Macht, unendliche Weisheit,
unendliche Liebe.

Drei sind die Mächte, die den Meistern gegeben wurden:
um Böses umzuwandeln, das Gute zu unterstützen,
das Urteilsvermögen zu benutzen.
Drei Dinge zu vollbringen ist für Gott unumgänglich:
Macht, Weisheit und Liebe zu manifestieren.

Drei Mächte sind es, die alles erschaffen:
göttliche Liebe, die vollkommenes Wissen besitzt,
göttliche Weisheit, die alle Mittel und Wege kennt,
göttliche Macht, die den vereinten Willen von
göttlicher Liebe und Weisheit innehat.

Drei Kreise (oder Zustände) der Existenz gibt es:
der Kreis des Lichtes, wo nur Gott wohnt,
und nur Gott kann ihn durchqueren,
den Kreis des Chaos,
wo alle Dinge naturgemäß vom Tod auferstehen,

der Kreis des Gewahrseins,
wo alle Dinge dem Leben entspringen.

Alle belebten Dinge haben drei Seinszustände:
Chaos oder Tod,
Freiheit im Menschsein und
die Glückseligkeit des Himmels.

Drei Notwendigkeiten kontrollieren alle Dinge:
der Anfang in der großen Tiefe,
der Kreis des Chaos,
Fülle im Himmel.

Die Wege der Seele sind drei:
Mensch, Freiheit, Licht.
Drei Hindernisse gibt es:
mangelndes Bestreben, Wissen zu erlangen,
keine Bindung an Gott,
Bindung an das Böse.

Im Menschen sind diese drei manifestiert.
Es gibt drei Könige der inneren Macht,
gefunden und doch nicht gefunden
im Körper des Menschen.

Hör nun von dem, der befreit wurde,
befreit von der Knechtschaft des Lebens ins Licht hinein;
er weiß, dass die Quelle aller Welten offen sein wird,
die Tore von Arulu sind nicht mehr verriegelt.

Nimm dich in acht, oh Mensch,
der du den Himmel betreten möchtest.
Wisse, dass die Himmlischen durch
die reine Flamme hindurchgehen
bei jeder Umdrehung der Himmel.
Sie baden in den Quellen des Lichtes.

Höre dieses Mysterium.
Weit in der Vergangenheit, bevor du
als Mensch geboren wurdest,
lebte ich im alten Atlantis.
Dort trank ich im Tempel von der Weisheit,
die an einer Quelle des Lichtes beim Residenten
ausgeschüttet wurde.
Ich stand vor dem heiligen Einen,
der in der Blume des Feuers thront,
und mir wurde der Schlüssel gegeben,
in die Lichtgegenwart der großen Welt aufzusteigen.
Verschleiert war sein großes Licht,
denn sonst wäre meine Seele
zerschmettert worden.

Aus dem Fuße seines Thrones flossen
vier Flüsse von Feuer,
sie flossen durch die Äther zu der Welt des Menschen.
Die Halle war voller himmlischer Geistwesen.
Voll der Wunder war der Sternenpalast.
Oben am Himmel,

wie ein Regenbogen aus Feuer und Sonnenlicht,
begannen Geistwesen sich zu formen.
Sie besangen die Herrlichkeit des einen Heiligen.
Da kam aus der Mitte des Feuers eine Stimme,
„Sieh die Herrlichkeit der ersten Ursache!"

Und ich sah dieses Licht,
hoch über der Dunkelheit,
widergespiegelt in meinem Wesen.
Ich erhielt Audienz beim Gott aller Götter,
der Sonne des Geistes,
beim Herrscher der Sonnensphären.
Und wieder erklang die Stimme.
„Es gibt Einen, den Ersten überhaupt,
der kein Anfang und kein Ende hat,
der alle Dinge gemacht hat,
der alles regiert,
der gut ist,
der gerecht ist,
der erleuchtet,
der Kraft gibt."

Da ergoss sich vom Thron ein großer Strahl,
der mich mit seiner Kraft umgab und meine Seele
empor hob.
Rasch bewegte ich mich durch die Räume des Himmels.
Die Mysterien wurden mir gezeigt,
das geheime Herz des Kosmos.

Ich wurde in das Land Arulu getragen,
wo ich vor den Herren in ihren Häusern stand.
Sie öffneten das Tor,
so dass ich flüchtig das urzeitliche Chaos sehen konnte.
Meine Seele erschauerte vor diesem Anblick des Schreckens
und wich zurück vor dem Ozean der Dunkelheit.
Da erkannte ich die Notwendigkeit der Grenzen
und den Sinn der Herren von Arulu.
Nur sie konnten sich dank ihres unendlichen Gleichgewichtes
dem herein stürzenden Chaos entgegenstellen.
Nur sie konnten die Schöpfung Gottes schützen.

Dann ging ich um den Kreis der acht herum;
sah all die Seelen, die die Dunkelheit bezwungen haben;
ich sah den Glanz des Lichtes, dort, wo sie lebten.
Ich sehnte mich danach, meinen Platz in ihrem Kreis einzunehmen,
doch ich sehnte mich ebenso nach dem Weg,
den ich erwählte,
als ich in den Hallen von Amenti stand
und traf meine Entscheidung über die Arbeit,
die ich leisten würde.

Von den Hallen von Arulu ging ich hinunter
in den Erdenraum, wo mein Körper lag.
Ich erhob mich von der Erde, wo ich ruhte,
und stand vor dem Residenten.

Ich gab mein Versprechen,
so lange auf mein großes Recht zu verzichten,
bis meine Arbeit auf der Erde vollendet ist,
bis das Zeitalter der Dunkelheit vorbei ist.

Höre die Worte, die ich dir sagen werde.
In ihnen wirst du die Essenz des Lebens finden.
Bevor ich in die Hallen von Amenti zurückkehre,
werden dir die Geheimnisse der Geheimnisse gezeigt
werden, wie auch du eins mit dem Licht werden kannst.

Erhalte sie, bewache sie und verberge sie in Symbolen,
so dass die Profanen sie verlachen und verleugnen
werden.
Lehre die Mysterien in jedem Land.
Mach den Weg schwer für den Suchenden.
Auf diese Weise werden die Schwachen und
die Wankelmütigen ausgesondert.
Auf diese Weise werden die Geheimnisse verborgen,
beschützt und gehalten,
bis zu der Zeit, da sich das Rad wenden wird.

Durch die dunklen Zeitalter hindurch,
wartend und beobachtend,
wird mein Geist in dem tief verborgenen Land
verbleiben.
Wenn jemand alle äußeren Prüfungen bestanden hat,
rufe mich herbei mit dem Schlüssel, den du hältst.

Dann werde ich, der Initiierende, antworten
und aus den Hallen der Götter in Amenti herauskommen.
Dann werde ich den Initiaten empfangen
und ihm die Worte der Macht geben.

Denke immer an diese Worte der Warnung.
Bringe niemals jemanden, dem es an Weisheit mangelt,
der kein reines Herz hat oder
der schwach in seiner Absicht ist, zu mir,
denn sonst wirst du die Verantwortung dafür tragen,
dass du mich von meinem Ruheplatz gerufen hast.

Nun geh und rufe deine Brüder,
so dass ich die Weisheit weitergeben kann,
die euren Weg erleuchten soll,
wenn ich nicht mehr gegenwärtig bin.
Komm in die Kammer unter meinem Tempel.
Nimm drei Tage lang keine Nahrung zu dir.
Dort werde ich dir die Essenz der Weisheit geben,
so dass du mit Macht unter den Menschen leuchten
mögest.
Dort werde ich dir die Geheimnisse geben,
so dass auch du dich zu den Himmeln erheben mögest,
Gott-Mensch in Wahrheit,
so wie du es bist in deiner Essenz.

Geh nun und verlasse mich,
während ich diejenigen rufe, die du kennst,
jedoch bis jetzt noch nicht kennst.

Kapitel 19

Das Geheimnis der Geheimnisse

Die Menschheit wandelt im Schatten ihrer eigenen Größe, sie weiß nicht, welche Macht und welches Wissen in der Seele liegt. Die Menschen gehen durch das Leben, sind sich dieser Schätze nicht bewusst und suchen nach den Geheimnissen, die schon bekannt sind. Strahlende Lichtwesen leben unter euch, sie erwarten, von euch entdeckt zu werden. Einst bekannte Geheimnisse werden sich aus dem Inneren erheben und danach verlangen, mitgeteilt zu werden. Alles, was schon immer war und immer noch ist, schläft tief, verborgen unter Glaubensvorstellungen, die durch erlernte Konzepte, die niemals auf Wahrheit beruhten, verdreht wurden.

Ihr rutscht und schlittert durch rissige und gebrochene Wege, die auf einst bekannten Wahrheiten zu beruhen scheinen. Damit einher gehen Zweifel und Verwirrung, wenn man nach Einzelheiten zur Bestätigung oder für das Gegenteil sucht. Eure „intuitiven Quellen" sagen euch, dass ihr euch nach innen wenden müsst, um das zu finden, was ihr sucht. Das erfordert Übung, Geduld und Klarheit, die mit der Zeit gewonnen werden. Ja, das Leben auf der Erde ist eine Reise der Selbstfindung, doch viele der Werkzeuge, die man für diese Reise benötigt, wurden im Laufe der Zeit verloren oder verborgen. Wenn du damit beginnst, diese Werkzeuge zu enttarnen, *dann* wirst du die Geheimnisse finden können, die dir die Türen zu den Wahrheiten öffnen, nach denen du suchst.

Wisse, dass die Wege, die du in deinen vergangenen Leben und Reisen durch die Zeit gegangen bist, nicht mehr wichtig sind, denn es geht nur um die Liebe, die du in deinem Herzen hast, und die Weisheit, die du erlangt hast. Lass deine Schuldgefühle und deine Reue zurück, denn sie sind viel zu hinderlich für solch eine Reise. Vertraue deinem intuitiven Verstehen. Es gibt keinen anderen Weg. Geh mit mir weiter auf dieser Wahrheitssuche, denn zusammen werden wir uns an das erinnern, was am wichtigsten ist.

> Öffnet nun eure Ohren, meine Kinder;
> hört und gehorcht den Worten, die ich gebe,
> denn dies ist das Geheimnis aller Geheimnisse,
> das euch die Macht geben wird, den Gottmenschen zu entfalten,
> das euch den Weg ins Ewige Leben weisen wird.
> Deutlich werde ich von diesen enthüllten Mysterien sprechen.
> Zuerst werde ich von den Fesseln der Dunkelheit sprechen, die euch an die Sphäre der Erde ketten.
>
> Dunkelheit und Licht sind beides von einer Beschaffenheit, sie scheinen nur unterschiedlich zu sein,
> denn jedes entstammt der Quelle von Allem.

Dunkelheit ist Unordnung,
Licht ist Ordnung.
Licht ist umgewandelte Dunkelheit.
Dies ist der Zweck eures Seins, meine Kinder,
die Verwandlung von Dunkelheit in Licht.

Hört nun das Mysterium der Natur,
die Beziehungen des Lebens zu der Erde,
auf der wir leben.
Wisset, dass eure Wesensart dreifach ist:
physisch, astral und mental in einem.
Drei Qualitäten hat jede Wesensart,
neun insgesamt,
wie oben, so unten.

Im Physischen gibt es drei Kanäle:
das Blut, das in einer Kreisbewegung fließt,
es reagiert mit dem Herzen,
um dessen Schlagen aufrecht zu erhalten.
Magnetismus fließt durch die Nervenbahnen,
und trägt Energien zu allen Zellen und Geweben.
Akasha fließt durch die feinstofflichen und
doch physischen Kanäle,
und vervollständigt die Kanäle.

Alle drei sind aufeinander abgestimmt,
und ein jeder hat Auswirkung auf das Leben des Körpers.
Sie fließen durch das Grundgerüst,

durch das der feinstoffliche Äther fließt.
Das Geheimnis vom Leben im Körper
liegt darin, sie zu meistern;
sie werden nur durch den Willen
des Adepten aufgegeben,
wenn sein Lebenszweck getan ist.

Drei Wesensarten des Astralen gibt es:
es ist Mittler zwischen oben und unten,
es ist weder physisch noch geistig,
hat Zugang nach oben und nach unten.

Drei Wesensarten hat der Verstand:
er ist der Träger des Willens des großen Einen,
Schlichter zwischen Ursache und Wirkung
in deinem Leben.
So ist das dreifaltige Wesen aufgebaut,
von oben geführt von der Macht der Vier.

Über und jenseits der dreifaltigen Natur des Menschen
liegt der Bereich des geistigen Selbst.
Vier Qualitäten hat es,
es leuchtet in jeder Ebene der Existenz.
Dreizehn ist eine mystische Zahl,
die auf den Qualitäten der Menschen
als Brüder basiert.
Jeder Mensch lenkt den Prozess des Seins;
jeder soll ein Kanal für den großen Einen sein.

Auf der Erde ist der Mensch in Knechtschaft,
durch Raum und Zeit an die Ebene der Erde gebunden.
Jeden Planeten umgibt eine Welle der Schwingung,
die den Menschen an seine Ebene der Existenz bindet.
Und doch liegt im Menschen der Schlüssel zur Freiheit;
im Menschen mag die Freiheit gefunden werden.

Wenn du das Selbst vom Körper befreit hast,
steige zu den äußersten Grenzen deiner Erdebene hoch.
Sprich das Wort: „dor-e-ul-la“
Dann wird dein Licht eine Zeit lang angehoben;
frei magst du die Grenzen des Raumes überschreiten;
frei magst du die Grenzen der Erde überschreiten;
finde und erkenne diejenigen, die jenseits von dir sind.
Selbst zu den höchsten Welten magst du reisen.

Erkenne deine Möglichkeit, dich auszudehnen;
erfasse die Zukunft deiner Seele.
Du bist in deinem Körper gebunden,
doch mit der Macht magst du frei sein.
Das ist das Geheimnis, durch das die Knechtschaft
für dich durch Freiheit ersetzt werden wird.

Lass deinen Geist still
und deinen Körper in Ruhe sein,
sei dir nur der Freiheit vom Fleisch bewusst.
Konzentriere dein Sein auf das Ziel deiner Sehnsucht.
Denke immer und immer wieder,

dass du frei sein möchtest.
Denke dieses Wort, la-um-i-l-gan;
lass es immer und immer wieder
in deinem Geist erklingen.
Treibe mit dem Klang zu dem Ort deiner Sehnsucht,
befreit durch deinen Willen
von der Knechtschaft des Fleisches.

Hör zu, wenn ich dir das größte aller
Geheimnisse anvertraue,
wie du in die Hallen von Amenti gehen kannst,
den Ort der Unsterblichen betreten,
wie ich es getan habe,
und vor den Herren in ihren Palästen stehen.

Lege dich hin und lass' deinen Körper ruhen.
Beruhige deinen Geist, so dass dich kein Gedanke stört.
Du musst rein sein im Geist und in der Absicht
sonst wirst du nur Misslingen ernten.
Visualisiere Amenti,
so wie ich es auf meinen Tafeln beschrieben habe;
sehne dich mit der Fülle deines Herzens danach,
dort zu sein.

Vor deinem geistigen Auge stelle dich vor die Herren.
Sprich (im Geiste) die Worte der Kraft aus,
die ich dir jetzt gebe:
mekut-el-shab-el,

hale-zur-ben-el-zabrut,
zin-efrim-quar-el.
Entspanne Geist und Körper,
so dass deine Seele mit Sicherheit gerufen wird.

Nun gebe ich dir den Schlüssel für Shamballa,
den Ort, wo meine Brüder in der Dunkelheit leben,
in Dunkelheit jedoch erfüllt mit dem Licht der Sonne,
Dunkelheit der Erde jedoch Licht des Geistes,
als Führer für dich, wenn mein Tag vorüber ist.
Verlasse deinen Körper, so wie ich es dich gelehrt habe.
Geh zu den Grenzen des tiefen, verborgenen Ortes.
Stell dich vor die Tore und ihre Wächter.
Ordne mit diesen Worten deinen Eintritt an.
„Ich bin d'as Licht.
In mir ist keine Dunkelheit.
Befreit bin ich von der Knechtschaft der Nacht.
Öffnet den Weg der Zwölf und des Einen,
so dass ich hineingehen kann in die Gefilde
der Weisheit."

Wenn sie dich ablehnen, was sie sicherlich tun werden,
befehle mit diesen Worten der Macht zu öffnen,
„Ich bin das Licht.
Für mich gibt es keine Schranken.
So befehle ich: Öffnet
durch das Geheimnis der Geheimnisse,
edom-el-ahim-sabbert-zur adom."

Dann, wenn deine Worte höchste Wahrheit waren,
werden die Grenzen für dich offen fallen.

Nun verlasse ich euch, meine Kinder.
Hinunter und doch hinauf in die Hallen
werde ich gehen.
Erringt den Weg zu mir, meine Kinder.
Wahrlich seid ihr meine Brüder.

So beende ich nun meine Schriften.
Lasst sie Schlüssel sein für diejenigen,
die nach euch kommen,
doch nur für die, die meine Weisheit suchen.
Nur für sie bin ich der Schlüssel und der Weg.

Kapitel 20

Aufstieg – Enthüllung des göttlichen Menschen

Während ich, Thoth, über die göttliche Natur der Menschheit nachsinne, erinnere ich mich daran, welche Schwierigkeiten ihr habt, diesen besonderen Zustand des Verstehens zu erreichen. Diese Schwierigkeiten hindern euch daran, das umfangreiche Wissen zu verstehen, das denjenigen mit einer aufrichtigen Absicht zugänglich ist, die wissen, wie man die höheren Frequenzen dieses Universums und darüber hinaus erfahren kann. Seit der Zeit, in der ich Priesterkönig von Atlantis war, lag mein einziges Streben im Erlangen spirituellen Wissens.

In Atlantis lernte ich viel über die menschliche Erfahrung. Es gab dort viele, die sich noch an ihre göttliche Natur und an das Einssein von Allem-Was-Ist erinnerten. Aufgrund dieses Wissens hatte ich kein Interesse daran, Reichtum und physische Besitztümer zu erlangen, denn ich wusste, dass dies eine flüchtige Laune war, die die Gemüter derjenigen beschäftigte, die sich nicht mehr an ihre wahre göttliche Natur erinnerten.

Ashalyn und ich haben die folgende meditative Reise geschaffen, um euch dabei behilflich zu sein, euch zu erinnern und eure Verbindung mit Allem-Was-Ist ist tiefer zu erfahren. Um an diese Erinnerungen heranzukommen, musst du vollkommen ruhig werden und dein Bewusstsein nach innen richten. Setze dich in bequemer Haltung hin, die es dir erlaubt, deine Aufmerksamkeit bei dieser Reise des Erwachens auf deine spirituellen Fähigkeiten zu richten.

Schließe deine Augen und bringe deine Aufmerksamkeit zu deinem Stirnchakra, das hinter deiner Stirn und über deinen physischen Augen liegt. Lausche auf deinen Atem, während dieser sich verlangsamt, bis er einen entspannten Rhythmus erlangt. Sei ganz im Hier und im Jetzt, während dein Körper, dein Verstand und dein Geist in der Absicht, in das Einssein aller Dinge einzutreten, miteinander verschmelzen. Erlaube deinen übernatürlichen Sinnen wie Hellsichtigkeit, Hellhörigkeit und Hellfühligkeit dich bei dieser Reise zu unterstützen, während du die feinen Veränderungen in dir und um dich herum wahrnimmst.

Achte auf deinen Atem .... deinen Herzschlag .... deine entspannte, friedvolle Gegenwart... und dein erhöhtes Bewusstsein. Konzentriere dich auf die Energie der Worte, die nun gesprochen werden, denn sie wird Tore öffnen und dich nach Hause zurückführen.

> Auf dem Weg des Erwachens
> schaut die Menschheit auf die Schriften
> und findet keine Anweisungen,
> um die letzten Höhen zu erreichen.
> Hört mir zu, meine Kinder,
> lauscht und lernt,

während ich euch auf eine Reise
in die bewusste Erkenntnis
des göttlichen Wesens mitnehme,
das ihr seid.

Wenn eure Reise auf dieser Erde beendet ist,
werden euch die Sterne wieder
nach Hause rufen.
Geht mit mir auf die Reise,
dieses großartige Wiedersehen zu erforschen
und euch daran zu erinnern,
was euch dort erwartet.
Hört das Rufen der Sterne,
sie rufen euch zurück in eure wahre Heimat,
wo es so viel zu betrachten, zu verjüngen,
zu erinnern und so viel mehr gibt.

„Aber wie kann ich dort hin gelangen?"
hörst du dich selbst fragen.
„Werde ich den richtigen Weg kennen?"
Hört meine Kinder und ihr werdet es erfahren.
Lasst die Energie meiner Worte
eure Seele sanft zu dem Ort,
den ihr einst Heimat nanntet, führen.
Seid ihr einmal dort,
werdet ihr weiter erwachen.

Auf dieser Reise kann es sein,
dass alle deine Taten

vor deinen Augen vorbeiziehen.
Lass ab von allen Gedanken
der Reue und des Kummers;
deine Zeit, Umstände zu ändern, ist vorbei.
Das Rad der Zeit dreht sich
nicht mehr für dich,
denn dort gibt es keinen Anfang
und kein Ende.

Lichtteilchen funkeln um dich herum,
sie tanzen fröhlich und tragen dich
voller Liebe aufwärts,
weit darüber hinaus, was für dich wirklich ist.
Die Stille ist betäubend,
während du weiter treibst,
gefangen im Schwung des Momentes,
schwebst du über das hinaus,
was du einst kanntest.
Die Architekten des großen Jenseits
winken dich zu sich
und rufen dich zurück nach Hause.

Uralte Erinnerungen erwecken deine Sinne
und vertiefen deine Erfahrung des Einsseins.
Eingehüllt in die Gewänder
von Magie und Liebe
wirst du wieder willkommen geheißen,
umgeben von ekstatischen Harmonien,

die zu gleicher Zeit von überall und nirgends
kommen.

In diesem magischen Reich verbleibst du,
bis die Zeit keine Bedeutung mehr hat;
von Ehrfurcht ergriffen,
lässt du den Blick schweifen
und es ist nicht wichtig für dich
was noch kommt.

Undeutliche Gedanken hallen durch deinen Geist,
während die Sphärenklänge dich einhüllen
und auch die kleinste Sorge auflösen
und du wirst fortgenommen
über das hinaus, was du als dein Selbst kanntest.

Du wirst zu Allem jetzt, und nicht später;
du folgst den Wellen der Bewegung,
die dich anmutig weiter führen.
Diese Erfahrung entzieht sich der Beschreibung,
wenn sogar du entschwindest und wieder erscheinst.
Ein solcher Friede und eine solche Ruhe wiegen dich,
du schwebst, schwerelos, in einem Meer der Freude.

Alles, was du jemals erlebt hast,
kommt wie in einem Traum zu dir.
Harmonien strömen wie Meereswellen an dir vorbei;
oben und unten scheinen wie eins zu sein.

Wunderschöne, lockende Klänge streicheln dich,
die Farben verwandeln sich in magische Gefühle.
Aaaaah ......sich hier für immer treiben zu lassen,
Freude und Ekstase verschmelzen
und der Glanz des Lichtes macht trunken.

In dein Bewusstsein sickern
seltsame Farben und Formen,
die dir von Wandel erzählen;
sie bewegen dich atemlos vorwärts
in ein Bewusstsein über das Jenseits hinaus
und du wirst zu allem, was du siehst,
und das ist Alles-Was-Ist,
so wie es seit jeher war.

Göttliche Liebe berührt mit Wärme dein Herz;
Frieden, Sanftheit, Ruhe
umgeben deine Gegenwart und
verheißen so viel mehr.
Und mehr kommt in der Form des Formlosen,
eingehüllt von ekstatischer Glückseligkeit.
Alles, was du einst in dir kanntest,
dehnt sich als göttliches Einssein aus
und kehrt mit wahrer Eleganz zurück.

Die Ausdehnung deines gottgleichen Seins
steht dir gut und ist liebenswert,
wenn unendliches Wissen und Weisheit verschmelzen;

sie sickern durch die Ebenen der Existenz,
die immer schon waren
und immer sein werden.

Bei jeder Bewegung
tanzt der Himmel mit dir.
Bei jedem Atemzug
funkeln die Sterne heller.
Bei jedem Lächeln
vervielfacht sich die Liebe
und der Friede regiert,
soweit das Auge sehen kann.

Du weißt, dass du angekommen bist,
aber du weißt nicht, wo oder wie,
und es ist dir auch egal.
Wellen des Friedens hüllen dich ein,
sie bringen noch mehr Liebe, Freude
und Glückseligkeit mit.
Das Einssein ist die letzte Erfahrung,
die, wie die Wellen des Meeres,
Ausdehnung und Zusammenziehen bietet
nur mehr, so unsagbar viel mehr.

Dieser Seinszustand endet nie
und er enthält die gesamte Schöpfung
vom Gewaltigen bis zum Winzigen,
vom Großartigen bis zum Einfachen.

Nichts ist zu groß, nichts ist zu klein,
als dass es nicht von großer Wichtigkeit
für Alles-Was-Ist wäre.

Der Glanz des Einsseins
ist so hegend und friedlich.
Lass los, gib dich Allem-Was-Ist hin,
schwebe frei auf den Wellen der Glückseligkeit,
nur von einem ungesehenen Impuls der Erinnerungen
und so vieles mehr erweckt, vorangetrieben.
Sei ruhig und geh auf die Reise,
still, friedlich ....

[Liebe Leserin, lieber Leser: Gewähre dir hier 5 – 10 Minuten der stillen Meditation.]

Die Zeitlosigkeit beginnt sich zu verändern
und zieht dich sanft
durch die große Weite zurück.
Der Atem der Unendlichkeit
weht an dir vorbei,
wenn du mit Leichtigkeit beginnst,
zurückzukehren
durch dieses ausgedehnte Nichts,
das gefüllt ist mit allen Möglichkeiten.

Sich an vertraute Klänge, vertraute Gefühle erinnern,
Gedanken an vertraute Orte.

All das bringt dich zurück,
und du beginnst deine Augen zu fühlen,
geschlossen und doch blinzelnd,
und deinen Körper, der langsam atmet.

Du betrittst wieder vertrautes Land
und Erderinnerungen treiben auf dich zu,
sanft, friedlich kehrst du langsam zurück.
Immer noch in Frieden und Harmonie eingehüllt
und ferne Erinnerungen schwinden langsam
in den Hintergrund.
„Dieses Reise ist es wert,
erneut gegangen zu werden,"
sagst du zu dir selbst.
„Es gibt noch so vieles zu erkunden."

Das menschliche Du erwacht immer mehr
und erinnert dich daran, wo dies begann.
Halte deine Augen geschlossen,
bis sie bereit sind, sich zu öffnen.
Richte deine Aufmerksamkeit auf deinen Atem
und das Schlagen deines Herzens.
Dein Körper ist dein göttlicher Tempel,
während du auf dem Planeten Erde lebst.

Erinnere dich an diesen flüchtigen Blick,
den du auf die Gesamtheit deines Wesens
geworfen hast,

während du weiter voran schreitest.
Bleib auf dem Weg des Lichtes,
stets aufmerksam, stets liebend.

Genieße das Nachklingen des Glanzes
dieser göttlichen Erfahrung,
und wisse, es gibt immer noch
mehr zu erfahren.

Kapitel 21

Erfahrungen mit den Smaragdtafeln

Wenn wir nun zu den letzten Kapiteln dieses Buches kommen, kann es sein, dass du noch unbeantwortete Fragen hast. Fragen wie: „Und wie weiß ich nun, dass diese Reise die richtige ist für mich? Wie lange dauert es, bis man das Wissen und die Weisheit, von denen auf diesen Seiten die Rede ist, versteht? Ist das alles wirklich real?" Um dir zu helfen, diese Fragen zu beantworten, haben Thoth und ich uns entschlossen, einige der Erfahrungen, die meine Freunde und ich beim Lesen der in den *Smaragdtafeln* enthaltenen Informationen gemacht haben, mit in dieses Buch aufzunehmen. Lies sie sorgfältig mit deinen physischen und deinen intuitiven Augen. Öffne dein Herz für das, was sie diese Erfahrungen gelehrt hat. Vielleicht bekommst du dann einen besseren Eindruck davon, was du von den *Smaragdtafeln für die Neue Zeit* lernen kannst.

Erstes Erlebnis

Kapitel 20

Aufstieg – Enthüllung des göttlichen Menschen

Am 19. Januar, 2011 schickte ich das oben genannte Kapitel per Email an meine Kundin, TLB. Sie fühlte sich niedergeschlagen und ich hatte das Gefühl, dass diese Ausführungen ihr helfen könnten. Die folgende Email bekam ich dann von ihr.

„Meine Güte! Ich habe gerade *Aufstieg – Enthüllung des göttlichen Menschen* gelesen. Das ist wirklich gut! Was ich toll fand, war, dass sich in meinem Kopf alles gedreht und es mich in eine tiefe Meditation geführt hat. Es ist so fesselnd, so wunderbar, so wirklich, und ich finde es so schön, dass der Ort, zu dem du gehst und über den du schreibst, auf tiefer Liebe beruht. Das ist die Grundlage deiner Arbeit, meine Liebe, und es treibt mir fast die Tränen in die Augen. Mein gesamtes Energiefeld hat jetzt eine höhere Schwingung, die Zeit hat sich verlangsamt und ich bin mehr im Jetzt. Danke! Es ist wirklich unglaublich!“

Zweites Erlebnis

Kapitel 17

Leben und Tod - Übung: „Wiederherstellen des Pol-Gleichgewichtes“

Ich, Ashalyn, entschloss mich dazu, die Übung „Wiederherstellen des Pol-Gleichgewichtes“ aus Kapitel 17 Anfang Januar 2011 zu versuchen. Ich legte mich jede Nacht für eine Stunde mit meinem Kopf zum positiven Pol (Norden) gerichtet auf mein Bett. Morgens war mein Kopf dann für eine Stunde zum negativen Pol (Süden) gerichtet. Weil wir alle eins sind mit der Erde, hilft uns das, unseren Körper an das Gleichgewicht der Erde anzupassen, seine Kraft zu bewahren und „die Finger des Todes fernzuhalten.“ Während der ersten Tage spürte ich starke Energieverschiebungen an unterschiedlichen Bereichen meines Körpers, besonders an den Stellen, auf die ich mich während der Zeit konzentrierte, nämlich entweder vom Kopf zur Brust oder von der Brust zu den Füßen. Dadurch schien ich mehr physische Energie während des Tages zu haben und es half mir, die kleinen, chronischen Wehwechen meines alternden Körpers zu lindern. In der dritten Nacht – mein Kopf war nordwärts gerichtet – fühlte ich, wie Energie sehr schnell von unterhalb meines Solarplexus durch meine Brust, meinen Nacken und meinen Kopf strahlte, und dann meinen Körper oben an meinem Kopf verließ. Das dauerte einige Minuten und war sehr kraftvoll. Im Laufe der Jahre habe ich viel Energiearbeit gemacht und noch nie so etwas erlebt!

Nun habe ich diese Übung täglich seit mehr als drei Monaten gemacht und jedes Mal spürte ich Energieverschiebungen in und um meinen physischen Körper herum, eine Neuausrichtung, Aktivierung und eine Stärkung unterschiedlicher Teile von mir. Ich bin fest entschlossen, diese Übung regelmäßig für den Rest meines Lebens zu machen. Ich habe meine beiden sehr intuitiven Freunde, HE und TLB aufgefordert, diese Pol-Ausgleichsübung auch zu versuchen.

Drittes Erlebnis

„Wiederherstellung des Pol-Gleichgewichts“, Erfahrung von TLB

„Das Ausgleichen der Pole ist so großartig, dass ich dir nicht einmal im Ansatz erzählen kann, welche Kreativität dadurch ausgelöst wurde, welche Erregung und neu gefundene Leidenschaft für das Leben und meine Bestimmung ich nun empfinde. Ich habe das Gefühl, dass es mich komplett verjüngt und es aktiviert alle Chakren und Zellen. Es ist wie ein Aufenthalt in einem Wellness-Center. Es ist einfach gigantisch, und was ich am tollsten finde, ist, wie einfach es geht, und auch, dass meine Träume so klar sind; sie tragen Botschaften für mich. Das Ausgleichen der Pole ist für mich ein Weg, zurück zu meinen Wurzeln zu gelangen, und es fühlt sich an, als ob es nun aufgrund dessen mehr Mystizismus in meinem Leben gibt .... und ich mache es erst seit zwei Tagen!“

Einige Tage später schrieb sie mir noch eine Email um mir zu sagen: „Das Ausgleichen der Pole ist unglaublich; ich fühle mich wie der Strahl der Kreativität!“

Viertes Erlebnis

„Wiederherstellung des Gleichgewichts der Pole“,
Erfahrung von HE

„Ich hab gerade die Polverbindung und Polausrichtung gemacht und es war phantastisch! Ich hab mich auf das Bett gelegt, um meinen Körper mit dem Nord- und Südpol zu verbinden und auf diese auszurichten. Es fühlte sich an, als ob die Energie um mich herum anfing zu wirbeln, erst in die eine Richtung und dann in die andere, und verursachte damit eine große Verschiebung. Mein gesamtes Energiefeld wurde gereinigt. Ich sah, wie die Energie von zwei misshandelnden Männern aus meiner Vergangenheit nach oben und fort von meinem Körper trieb, zusammen mit einem großen Teil der chronischen Schmerzen, die ich in meinem linken Handgelenk hatte. Schichten von alter Energie wurden aus mir herausgezogen und alte Denkweisen und Programme wurden losgelassen. Gegen Ende des Vorganges konnte ich durch all das wieder zurück in mein Zentrum und in mein Herz kommen. Das geht wirklich in die Tiefe!“

Fünftes Erlebnis

Meditationserfahrung mit Thoth von VS

Meine Freundin, VS, bemerkte auf einem Workshop, an dem sie im Jahre 1999 in New Mexiko teilnahm, dass sie die Hallen von Amenti betrat. Die Teilnehmer waren im Begriff, eine geführte Meditation zu machen, in der Thoth sie für eine Initiation in die Hallen von Amenti führen sollte. Zuerst bat sie der Sprecher, ihre Herzen und die Feder von Ma'at gegeneinander abzuwägen. Im Folgenden eine kurze Erklärung dieses Vorganges.

Ma'at ist die ägyptische Göttin der Wahrheit, des Gleichgewichtes und der Ordnung. Das Symbol, das Ma'at auf ihrem Kopf trägt, ist eine Straußenfeder. Im alten Ägypten kannte man sie als Richterin der Ägyptischen Unterwelt in den Hallen von Ma'ati. In alten Zeiten wurde das Herz eines Toten auf eine Waage gelegt und gegen das Gewicht der Feder von Ma'at abgewogen. Wenn das Herz das gleiche Gewicht hatte wie die Feder von Ma'at, wurde dem Verstorbenen erlaubt, weiter ins Jenseits zu gehen. Wenn der Verstorbene in seinem Leben gelogen, betrogen, getötet oder irgendetwas gegen Ma'at getan hatte, wurde dieses schwere Herz von einem Dämonen verschlungen, der Ammut – Verschlinger der Toten - genannt wurde, und diese Person starb dann ihren endgültigen Tod.

Zurück zur Zeremonie in Neu-Mexiko. VS erklärt, was dann passierte. „Zu Beginn der Meditation wurden wir gebeten, vor unserem geistigen Auge eine Feder in eine der beiden Waagschalen zu legen und dann unser Herz in der anderen Schale zu visualisieren. Wenn die Waage ausgeglichen war, wurde unser Herz als ebenso leicht wie die Feder angesehen. Ich tat dies und bestand die Prüfung mit Leichtigkeit. Bald wurde ich aufgefordert, durch die goldgelbe Tür zu gehen, die ich vor mir sah. Ich wurde von einem Lichtwesen begrüßt, das mir einen goldenen Stab übergab. Ich hielt den Stab in meiner rechten Hand, und ging dann langsam durch die Tür in die Hallen von Amenti. Ich erinnere mich daran, dass ich viele Eingänge sah. Alles war golden, die gleiche Farbe wie Goldbarren. Die ganze Zeit war ich von dem Ort und der goldenen Farbe erfüllt. Dann wurde ich gefragt, ob ich Verwalter von Informationen sein wollte, als ein anderes Lichtwesen mir ein Geschenk anbot. Ich sagte ja.

Meine nächstfolgende Erinnerung dieser Erfahrung war, dass ich zwölf schwebende goldene Scheiben bekam. Jede einzelne wurde zu mir heruntergeladen, eine nach der anderen. Ich spürte, dass der Download nahe meiner rechten Gehirnseite geschah. Es begann langsam, dann wurde der Download schneller und schneller, als ob ich Riesenmengen von Informationen bekam, die ich für zukünftige Zeiten aufzubewahren hatte. Als ich fragte, was all dies zu bedeuten hätte, wurde mir gesagt, dass die Bedeutung jeder Scheibe mir eines Tages enthüllt werden würde, aber dass es noch mehr Zeit brauchen würde, diese Weisheit hervorzubringen.“ Nicht lange nach dem Workshop wurde VS von den Engeln gebeten, die Seele von jedem neugeborenen Baby zu verankern, das sie sah. Sie spürte, dass diese Aufforderung irgendwie mit ihrem Erlebnis mit den zwölf goldenen

Scheiben zu tun hatte. Sie ist Krankenschwester und arbeitet in der Gynäkologie eines Krankenhauses in Nordkalifornien. Normalerweise sieht VS vier bis fünf neugeborene Babys an jedem Tag, den sie dort arbeitet, ankommen. Mit viel Liebe kam sie der Aufforderung der Engel an jedem Tag seit 1999 nach und hat seitdem viele interessante Reaktionen der Babys während der Verankerung gesehen, wie sie hier erklärt.

„Nach der Verankerung schaut mir jedes Baby in die Augen und lächelt, seufzt erleichtert und wird ruhig. Ein Baby tat einen so großen Seufzer, dass das Gurgeln, dass ich vorher hörte, weg war. Das bedeutete, dass die Luft, die im Blut, das aus und in das Herz floss, eingefangen wurde, heraus kann, damit das Baby leichter atmen kann. Wenn ein Neugeborenes seinen ersten Atemzug nimmt, atmet es Flüssigkeit ein, während es durch den Geburtskanal in den Beckenbereich der gebärenden Mutter gleitet. Das Neugeborene schluckt oft große Mengen von Flüssigkeit, die dann mit einer kleinen Ballspritze abgesaugt werden. Ein bisschen Flüssigkeit kommt in den Magen oder in die Lungen. Das Atmen wird leichter, wenn das Baby schreit, um seine Lungen zu weiten, was dann die Lungenbläschentaschen reinigt."

Für VS ist es eine große Ehre, Teil dieses Prozesses zu sein und sie hält sich weiterhin bereit, ein größeres Verständnis der 12 goldenen Scheiben in ihren Meditationen zu erhalten. Alles in allem war dies eine sehr ermächtigende Erfahrung für sie.

Sechstes Erlebnis

Unerwartet erscheint Thoth in einer von Ashalyns Heilsitzungen

Seit über 35 Jahren führe ich Geistheilungen und Readings durch. Während jeder Sitzung arbeite ich mit vielen verschiedenen Geisthelfern je nachdem, was gebraucht wird. Im März 2011 arbeitete ich per Telefon mit einer jungen Frau (ich werde sie Rachel nennen). Sie war besessen von einem wütenden Geist, der damit anfing, sie sich selbst physisch verletzen zu lassen. Ich war gerade dabei, die Situation geistig einzuschätzen, als ich plötzlich Thoths Gegenwart bemerkte. Er begann mir von einem früheren Leben zu erzählen, in dem Rachel von einer Gruppe von Leuten schwer missbraucht worden war, deren Ziel es war, dass sie vor Schmerzen ins Koma fiel, um dann ihre unglaublichen psychischen Fähigkeiten zu nutzen (kurz gesagt). Sofort begann er, die Schaltkreise in ihrem Gehirn neu zu verdrahten und ihr die intuitiven Fähigkeiten zurückzubringen, die ihr in jenem Leben gestohlen worden waren. Die Neuausrichtung von Gehirnschaltkreisen ist eine Heilweise, in der ich mich nicht unbedingt als Expertin bezeichnen würde.

Bis zu diesem Moment hatte ich Thoth – der ein Mann mit vielen Talenten war – niemals als Heiler gesehen, aber offensichtlich war er genau der Richtige, um Rachels Bedürfnissen an diesem Tag nachzukommen. Während er fort fuhr, konzentrierte ich mich auf die Austreibungsarbeit mit meinen anderen Geisthelfern.

Zusammen bewirkten wir in relativ kurzer Zeit enorme energetische Veränderungen für Rachel. Es macht soviel aus, wenn man mit erfahrenen Geisthelfern zusammenarbeitet!

Siebtes Erlebnis

JTG schreibt über 30 Jahre Forschungserfahrung mit Thoth und den *Smaragdtafeln*

JTG stammt aus Oaxaca, Mexiko, er erwarb seine Heil- und Orakelfähigkeiten aus der Familientradition und der Art, wie er mit der Natur lebt. JTG ist seit 13 Jahren in den USA und hilft den Menschen als Nagual-Heiler. Er benutzt Kräuter, Nahrung und Elemente aus der Natur wie Wasser, Erde, Luft und Feuer, um die Menschen zu heilen und um ihnen zu helfen, sich zu transformieren. In der 80iger Jahren kam er das erste Mal in Kontakt mit den *Smaragdtafeln von Thoth dem Atlanter*. Das war der Beginn von seinem fortlaufenden Weg mit den *Smaragdtafeln*.

„Es verbesserte mein Leben ganz und gar. Jedesmal, wenn ich das Buch las, fand ich etwas anderes wichtig. Es schien, als ob durch das Lesen eine Art Alchemie mit mir begann. Es hilft mir, mich daran zu erinnern, dass wir von dem Ort des Einsseins alle Schöpfer in unserem Leben sind. Es ist wichtig, dass man ruhig wird und der inneren Weisheit lauscht, genauso wie eurer natürlichen Umgebung. Jeder von uns ist fähig, Dinge zurück ins Gleichgewicht zu bringen. Wenn wir die Türen für dieses Bewusstsein öffnen, werden wir zu Leuchttürmen und können alles um uns herum transformieren.

Zudem ist das Leben kein Wettkampf, wenn ihr versteht, dass ihr nicht getrennt seid voneinander. Indem ihr anderen Menschen helft, vervollkommnet ihr euch selber. Ich habe gelernt, Schönheit in allem zu sehen und mich daran zu erinnern, dass ich alles habe, was ich brauche. Viele Jahre suchte und suchte ich das, was ich meinte, als nächstes zu brauchen. Nun weiß ich, dass alles genau hier in mir ist.“

Achtes Erlebnis

JTG und Ashalyn meditieren zusammen mit Thoth

Am 2. März 2011 beschlossen JTG und ich, zusammen in meinem Büro zu meditieren, in der Absicht, uns mit Thoth zu verbinden und die Blume des Lichtes sowie das Leben unterhalb der Erde in den Hallen von Amenti zu erfahren. Hier ist nun eine kurze Beschreibung von dem, was während unserer 1 ¼ stündigen Sitzung (digital aufgezeichnet) geschah.

Als unser meditativer Raum sich vertiefte, begann JTG strahlende goldene, grüne und weiße Lichter zu sehen, die eine uns umgebende Mandala-Form annahmen. Auch ich erlebte goldenes Licht um uns herum. Bald fühlten wir die kribbelnde, beruhigende Wärme dieses Lichtes, das in jeder Zelle unserer Körper vibrierte, vom Scheitel bis zu den Zehen, als wir eins mit diesem Licht wurden. JTG begann viele vierseitige Pyramiden in diesem kreisförmigen Lichtmandala zu sehen. Auch waren da goldene Lichtfäden, wie Spinnennetze um das Mandala herum. Wir fühlten uns beide sehr schwer, geerdet und mit der Erde verbunden. Ich fühlte warme Energie wie sanftes Kribbeln durch meine Hände und Arme fließen.

Dann hörte ich, wie jemand sagte: „Ich bin im Einssein deines Herzens." Ich wunderte mich, wer das gesagt hatte und fragte: „Ist der Resident hier?"

Die Antwort war, „Ja *(„aye“, Anm. d. Übers.)*, ich bin es.“ Nach einer Pause sagte dieselbe Stimme: „Ihr zwei seid gekommen, um mehr zu erfahren. Ich begrüße euch.“

JTG spürte große Freude und fühlte sich, als ob er die Welt in seinen Händen hielt. Er sah Lichter, die wie Juwelen aussahen und so etwas wie einen Fluss, der an ihm vorbei strömte.

„Wir haben uns oft im Traumzustand getroffen,“ sagte der Resident zu mir. „Nun bist du dir deines Besuches bewusst.“

JTG sah zwei leere Throne in der Mitte des Raumes, den wir in den Hallen von Amenti betreten hatten. Rechts von ihnen stand ein Thron, auf dem eine Frau saß. Mir wurde gesagt, dass die zwei Throne leer waren, weil ihre „Besitzer“ woanders waren und ihre Arbeit verrichteten. Die Friedlichkeit, die wir verspürten, war allumfassend, als wir uns in die ehrfurchtgebietende Schönheit des Momentes hinein entspannten.

JTGs Hände waren sehr heiß. Sie fühlten sich schwer und sehr groß an. Die Chakren auf meinen Handflächen waren warm und pulsierend. JTG sah einen Lichtpunkt, von dem sechs Lichtspuren strahlenförmig ausgingen. „Es war die Erde,“ sagte er, aber es war auch in seinem Herzen. Licht floss in und aus Juvys Drittem Auge. „Konzentriert eure Aufmerksamkeit im Mittelpunkt eures Herzens und er [Thoth] wird kommen.“

Dann begann JTG die Gegenwart von Thoth zu spüren. Zu dem Zeitpunkt waren wir etwa eine halbe Stunde in der Meditation. Ich sah, wie Thoth zwischen uns beiden mit langen entschlossenen Schritten hin und her ging. Er hielt sein Kinn in seiner rechten Hand und seine linke Hand hielt seinen rechten Ellbogen, als er aufmerksam von einem zum anderen schaute. Er machte einen froh gelaunten Eindruck und schien emsig „die Situation abzuschätzen". JTG hörte, wie er sagte: „Die Samen, die in deinem Garten gesät sind, werden bald sprießen." Thoth schien die Schönheit dieses Wachstumsprozesses zu genießen.

Dann sagte Thoth zu JTG: „Angst fließt um dich herum. Das geschieht, wenn du nicht vollständig offen bist und auf dich vertraust. Es ist wichtig, dass ihr miteinander sprecht (er meinte JTG und seinen Partner), und es ist egal worüber ihr sprecht."

Als nächstes sah JTG eine dreiseitige Pyramide zwischen uns, die sich in einem Kreis befand, der aussah wie ein Tempel. Darauf sagte Thoth zu ihm: „Ich war schon in vielen Formen und dieses ist die Form, in der ich mich jetzt befinde." Nach einer kurzen Pause sagte Thoth: „Du hast all diese Informationen bereits in deiner DNA. Du bist ein Teil von mir."

Dann fühlte JTG, wie er alles, was jemals geschaffen worden ist, anschaute – die Sterne, die Erde, einen dunklen Raum mit goldenem Licht, das sich in ihm bewegte, und vieles mehr. „Ich bin nur ein Teilchen von goldenem Licht, hier auf der Erde und überall sonst", sagte JTG zu mir.

Das nächste, was Thoth zu uns sagte, war: „Viele kommen, aber nur wenige verstehen, wer Thoth wirklich ist.“ Es wurden uns persönlichere Informationen mitgeteilt, die hier nicht festgehalten werden müssen. Dann sah Ashalyn, wie Thoth in die Seele von JTG griff, ihn hochnahm und dreimal ausschüttelte, so wie ihr einen kleinen Teppich ausschütteln würdet, was die schwere Energie, die in ihm war, löste. JTGs Reaktion darauf war: „Das fühlt sich an, als ob mein ganzer Körper elektrisiert würde!“ Thoth sorgte dafür, dass er nicht länger in irdischer Angst und Verwirrung feststeckte. „Ich bin ein Kind; ich bin das Ganze,“ sagte JTG laut.

Wieder sah ich, wie Thoth zwischen uns hin und her ging und die Situation abschätzte. Er räumte einen Energieblock fort, der sich vor JTGs Herz befand und der andere Menschen nicht in sein Herz hinein ließ. „Niemand kann das Ich – das Alles-Was-Ich-Bin – verletzen,“ erinnerte Thoth uns. „Ihr könnt sein, wer immer ihr sein wollt.“

Als nächstes zeigte Thoth mir einen Energieblock, der sich vor meinen Lungen befand und der aussah wie ein metallener Heizkörper. Er befahl mir „Atme durch die Mutter und den Vater – durch das „ich“. Du hast alle Werkzeuge, um dies zu tun. Lass nicht zu, dass Angst dich zurückhält.“

Dann sah JTG wieder, wie die Energie sich spiralförmig um ihn herum wand und er begann sich schwindlig zu fühlen. „Ich glaube, dass sie bereit ist zu gehen,“ sagte JTG.

„Für dieses Mal," erwiderte Thoth. „Ich bin. Lasst nicht zu, dass euch die Angst behindert."

Kurz bevor er uns verließ hörte ich Thoth sagen, „Ich, der Herr der Magie, ich der Herr von Allem, ich lebe in euch."

Ich begann, mich wie auf einer Rolltreppe zu fühlen, bewegte mich rückwärts und kehrte in meinen Körper zurück. JTG fühlte wieder die spiralförmige Energie, als er in seinen Körper zurückkehrte. Wir beide hatten Schwierigkeiten, unsere Augen zu öffnen, daher warteten wir einige Minuten, bis unsere Augen bereit waren, sich von selbst zu öffnen. JTG sagte, dass der Raum immer noch mit weißem Licht funkelte, als er seine Augen öffnete. Das Licht löste sich dann endgültig auf, als er vollständig zurück in seinem Körper war. Als unsere Augen wieder ganz geöffnet waren, schauten wir uns verwundert an und waren uns einig, dass wir diese Meditation öfter zusammen machen sollten.

Kapitel 22

In Frieden wandeln

Als Lehrer der Menschen, bin ich, Thoth, hier, um euch dahin zu bringen, dass ihr euch an die Macht des Individuums erinnert und daran, dass wir alle eins sind. Diese Konzepte sind nicht neu. Sie wurden einfach im Laufe der vielen langen Jahre eurer Existenz hier auf dem Planeten Erde vergessen. Wenn wir fortfahren, uns wieder dahin zurückzubringen, diese machtvollen Konzepte zu verstehen, wird es eine Menge über unsere Geschichte zu erfahren geben, das uns helfen wird, dieses Mal friedlich voranzugehen. Alles, was ich in diesem Buch mitgeteilt habe, ist von höchster Wahrheit und dazu bestimmt, dich dazu zu animieren, zu all dem zu erwachen, was du wirklich bist. Ich will nichts weiter, als dass du deinen Platz einnimmst als kreatives, liebendes, machtvolles Wesen.

Ich möchte euch jetzt gerne noch mehr alte Geschichten mitteilen. Über die Zeitalter wurde mir von Historikern ebenso wie von spirituellen Lehrern eine Vielzahl von Attributen zugeschrieben. Ihre Informationen gründeten oft auf vorherigen Informationen, die sie aus unterschiedlichen Quellen erhalten hatten, von denen viele einfach nicht korrekt waren. Einige waren eine Erweiterung einer Wahrheit von jemandem, der mich einst gekannt hatte. Alles in allem gab es bis jetzt noch keine klare

Erklärung darüber, wer ich bin oder war und warum ich überhaupt auf die Erde gekommen bin. Die nachfolgende Information wird dir helfen, mehr über meinen Zweck hier zu verstehen.

Vor vielen Zeitaltern war ich, Thoth, Mitglied eines Teams von Wissenschaftlern, deren großer Wunsch es war, unser enormes Wissen dafür einzusetzen, um herauszufinden, welches der beste Weg wäre, den Planeten Erde zu bewohnen. Weil wir diese Erfahrung noch nicht gemacht hatten, dachten wir verstärkt daran, eine Allianz mit anderen zu bilden, die schon andere Planeten bewohnt hatten. Kurz gesagt, wir teilten uns in Gruppen von ähnlichem Fachwissen auf, jede mit einer eigenen Führung und gewissen Rahmen ausgestattet, innerhalb derer zu arbeiten war. Ashalyn war in einer dieser Gruppen, genau wie einige von euch, die dieses Buch jetzt lesen. Sie war eine Wissenschaftlerin, deren Fachwissen sich in den Bereichen Reisen in den Dimensionen und planetarer Energie bewegte. Ein Jeder in der Gruppe ergänzte die Ideen und Gedanken der anderen in einer Art und Weise, die höchst kraftvolle energetische Schaltkreise herstellte. Innerhalb dieser Gruppe gab es wenig, was nicht verstanden oder erreicht werden konnte. Diese Gruppendynamik versetzte uns in die Lage, mit Zuversicht in dem Wissen vorwärts zu schreiten, dass wir uns in die Hände einiger der besten Fachleute der gesamten Galaxie begeben hatten – in der Tat eine wahre Ehre.

Wir konnten die Gedanken des anderen lesen, konnten uns auf sie ausdehnen und so Probleme lösen, bei denen keiner von uns alleine Erfolg gehabt hätte. Als wir unsere Arbeit an diesem Projekt fortsetzten, schufen wir für uns Positionen auf dem Planeten Erde als zukünftige Menschen, um die umfangreiche Umsetzung unserer gemeinsam geschaffenen Pläne zu beaufsichtigen. Als die Erde bereit war, ihre menschlichen Bewohner anzunehmen, bewohnten einige Mitglieder unserer Gruppe Körper und wandelten mit den ersten Bewohnern auf dem Planeten Erde.

Mit diesen Projekt fortzufahren war eine sehr aufregende Zeit in unserem Leben und so erhielt es unsere komplette Aufmerksamkeit und Konzentration. Das Projekt wurde der Höhepunkt all unserer wunderbarsten Hoffnungen und Träume. Das alles geschah weit vor den Zeiten vom alten Lemurien und Atlantis. Diese ersten Menschen lebten damals in vollkommener harmonischer Resonanz mit allen empfindenden Wesen. Sie bewegten sich zusammen wie ein geeintes Ganzes, als ob sie alle durch denselben heiligen „Stoff" verbunden waren, der die Essenz von Allem-Was-Ist in jedes ihrer Wechselspiele und Bestrebungen atmete. Es war wie eine unglaubliche Symphonie, die Frieden, Liebe und Harmonie in jeden gesegneten Moment brachte – einen Zustand, an den wir uns alle noch sehr gut erinnern.

Die Synchronizität in dieser Zivilisation schuf eine solche Resonanz, dass jede Bewegung innerhalb des gesamten Feldes von jedem lebenden Wesen auf dem Planeten Erde gefühlt wurde. In der gegenwärtigen Zeit kann man sich eine solche Vollkommenheit kaum vorstellen. Selbst die Glücklichen, die an diesem großartigen Projekt teilgenommen hatten, fragen sich, ob je möglich sein wird, so etwas wieder zu erleben. Nimm dir einen Moment Zeit, deine Erinnerungsdatenbanken zu durchsuchen, um zu sehen, welche Erinnerungen über diese außergewöhnliche Zeit in dein Bewusstsein kommen. Vielleicht warst auch du einer von uns.

Die Bewohner der Erde führten ein Leben in einer so hohen Schwingungsfrequenz, dass potenzielle Eindringlinge nicht im Geringsten in der Lage waren, ihre Vorgehensweise zu verändern. Es gab in ihrem „Stoff" keinen Platz für Gedanken, die niedriger schwangen als Liebe. Jedesmal, wenn ein Konzept, das niedriger schwang als Liebe, versuchte, in ihre Welt zu kommen, wurde es sofort in der Essenz des Einsseins gebadet und in noch mehr von diesem wunderschönen Stoff verwandelt. Natürlich dehnte sich diese liebende Vollkommenheit des Einsseins strahlend aus, bis sie die Erde nicht länger brauchten, um auf ihr zu stehen. Als harmonische liebende Gruppe verließen sie diesen großartigen Planeten und ließen wenig außer der süßen Liebesessenz zurück. Diese Zivilisation wurde nicht in unsere Geschichtsbücher aufgenommen, weil es niemanden mehr gab, der darüber schreiben konnte. Deshalb erzähle ich, Thoth, diese Geschichte nun, denn ich war ein Beobachter, aber kein Teilnehmer, dieses großartigen Projektes.

Das waren unsere Vorfahren – diejenigen, die uns gezeigt haben, was wir hier auf dem Planeten Erde vollbringen können. Es gibt heute noch intuitive Menschen, die die süße Liebesessenz, die von unseren Brüdern und Schwestern aus längst vergangenen Zeiten zurückgelassen wurde, hören und fühlen können. Es war eine Zeit, in der wir wahrlich als eins existierten, während wir in Körpern auf dem Planeten Erde lebten.

Da jede Handlung automatisch in der Akasha-Chronik gespeichert wird, ist die Erinnerung an diese liebende Gemeinschaft immer noch in unser Bewusstsein eingebettet. Was hält uns jetzt davon ab, dieses Einssein zu erfahren? Was müssen wir lernen, um wieder an diesen Ort der Wunder zurückzukehren? Warum haben wir erlaubt, dass Negativität und Angst unser Leben beherrschen?

Heute finden wir es erstaunlich, wenn jemand die Gedanken eines anderen lesen kann oder wenn jemand weiß, was er tut, bevor er es tatsächlich tut. Das ist sehr aufregend für uns und sorgt dafür, dass wir mehr erfahren wollen. Welches sind die geheimnisvollen Grundlagen, die diese Art des intuitiven Wissens zulassen? Ist es möglich, dass alle Menschen auf diese Art und Weise intuitiv miteinander kommunizieren? Diese Art der Kommunikation ist nicht nur möglich, sie ist tief verwurzelt in der Essenz dessen, wer wir sind und wir fühlen uns ohne sie nicht ganz.

Der Stoff der Liebe, der die alte Gesellschaft zusammengehalten hat, fehlt heute in unserem Leben. Wenn wir uns einen solchen Stoff in der heutigen Welt überhaupt vorstellen könnten, hätte er viele Löcher – er wäre sozusagen fadenscheinig. Das lässt vieles buchstäblich durch die Risse in den Abgrund fallen, in dem es nur wenig Möglichkeit gibt, eine solche Harmonie zu erlangen. In diesem Seinszustand befinden wir uns jetzt. Die Liebe ist abhanden gekommen und Angst beherrscht das Bewusstsein von vielen, während sie blind und ohne den geringsten Hinweis darüber, warum sie hier sind oder wo sie hingehen, in die Zukunft wandern.

Wir können so viel mehr erreichen. Es ist an der Zeit, dass wir uns über unsere früheren Unzulänglichkeiten erheben, bevor wir tatsächlich alles zerstören, was wir geschaffen haben. Nicht schon wieder. Mein Herz versucht euch zu erreichen um euch zu sagen, „Wacht auf! Wacht auf! Nehmt euer Leben in die Hand! Wir müssen irgendwo beginnen und wir müssen jetzt beginnen!"

Denkt an eure Kinder. Was für eine Welt werdet ihr euren Kindern hinterlassen? Ihr alle habt das Funkeln der Liebe und Freude in ihren Augen gesehen, als sie als kleine Babys diese Welt gerade betreten haben. Ist das Funkeln noch da? Wenn nicht, wo ist es hingegangen? Haben sie entschieden aufzugeben, nachdem sie von Angst, Gier und Unsicherheit so sehr umgeben waren, dass in Freude zu sein nicht länger sicher oder sogar toleriert wurde? Die Kinder sind unsere Hoffnung für die Zukunft und sie verdienen eine sichere, unterstützende Umgebung und einen gesunden Planeten zum Leben. Viele von ihnen sind unglaubliche Lehrer, die uns aufrichten und aus den schwierigen Zeiten, in denen wir uns gerade befinden, heben können. Vertraut ihnen und ermutigt sie, ihre Wahrheit auszusprechen und ihr Wissen mitzuteilen, wie alt sie auch sein mögen.

Es ist an der Zeit, euer Weltbild zu verändern, für euch selbst und für eure Kinder. Die Kinder brauchen jetzt unsere Unterstützung, da sie clever die Teile aufheben, die von zu vielen unbewussten Erwachsenen hinterlassen wurden, denen es entweder egal war oder die alle Hoffnung verloren haben. Viele von uns denken: „Die Welt geht zum Teufel und es gibt nichts, was ich daran ändern könnte!" Das ist nur dann richtig, wenn wir uns alle dazu entscheiden aufzugeben. Stell dir vor, was passieren könnte, wenn wir uns alle dazu entscheiden, als die liebenden Brüder und Schwestern, die wir sind, zusammenzuarbeiten? Stell dir nur mal die Möglichkeiten vor.

Und, stell dir den Frieden vor und schau zu, wie er wächst – zunächst in deinem Herzen und dann im Herzen deines Nächsten oder von Jemandem, der durch deine liebevollen Handlungen inspiriert wurde. Sprich in freundlicher Weise zu deinen Mitmenschen, genauso wie du dir wünschst, dass sie mit dir sprechen. Kümmert euch darum, was um euch herum geschieht und tut jeden Tag euer Möglichstes, jemanden aufzurichten. Beginnt diesen heiligen Stoff, der uns alle einst miteinander verbunden hat, wieder zu weben, während wir alle anfangen, uns daran zu erinnern, wie es war als eins in Harmonie, Frieden,

Freude und Liebe zu wirken. Es ist wirklich ganz einfach und angenehm, und es beginnt im Inneren deines eigenen Herzens.

Ich, Thoth, habe Vertrauen in dich. Hast du auch Vertrauen in dich selbst?

Kapitel 23

Die Herausforderung

Ashalyn und ich, Thoth, möchten nun alle Menschen in der ganzen Welt vor eine Herausforderung stellen. Bitte erinnert euch daran, dass ihr – ein jeder von euch – die Lösung für unseren zukünftigen Erfolg seid. Ohne eure Hilfe fehlt uns etwas ganz Wichtiges. Wenn wir alle mit einem gemeinsamen Ziel vor Augen zusammenarbeiten, sind wir unglaublich mächtig und können alles erreichen, was wir uns nur vorstellen. Wir fordern euch auf, alles in eurer Macht stehende zu tun, um Gleichgewicht, Liebe, Frieden, Freude, Respekt und Harmonie in eure tagtäglichen Erfahrungen zu bringen. Wenn du dich dafür entscheidest, genau das zu tun, dann stell dir die folgenden Fragen und fang' an zu überlegen, was *du* tun kannst, um eine Veränderung herbeizuführen, genau hier, gerade jetzt.

Was also sagst du nun zu dieser Herausforderung? Was sagst du darüber, wo du dich gerade befindest? Was sagst du darüber, wie du deinen Mitmenschen behandelt hast? Was sagst du über die Richtung, in der du unterwegs bist? Bist du bereit, an jedem Tag deines Lebens etwas zu bewirken?

Die Zeit bewegt sich schneller als du es dir jetzt vorstellen kannst und die Dinge verändern sich sehr schnell. Jedem von euch wird die Möglichkeit gegeben, sich der Welt zu zeigen: eure Verdienste, euren Wert, euer Herz, euren Geist all jenen zu zeigen, die jemals einen Fuß auf diesen Planeten gesetzt haben. Wir schauen jetzt alle zu, von oben und auch von unten, beobachten, wie sich die Spreu vom Weizen trennt, wie die Starken herauskommen und die Erbauer und Architekten unserer neuen Nation werden. Wir schauen alle zu, um zu sehen, wer aufsteht und eine Veränderung herbeiführt, wem es wichtig genug ist, seinem Bruder oder seiner Schwester zu helfen, wer die Schmerzen eines anderen fühlt und tut, was er tun kann, um diese Schmerzen zu lindern. Seid gewiss, dass ihr bei diesen Bemühungen nicht allein seid. Wir schauen alle zu und werden Hilfe schicken, wo immer sie benötigt wird.

Ich, Thoth, mahne euch noch einmal, den Pfad der lichten Seite zu nehmen, denn die dunkle Seite zerbröckelt direkt vor euren Augen. Während sie zerfällt, nimmt sie viele mit, die einst dem Licht angehörten, die einst wussten, dass sie wahre Liebe waren, die einst göttlich waren und es noch sind. Ihnen wird noch eine letzte Chance gegeben um sich zu erheben und zu sagen: „Ja! Ich kenne die Liebe! Ja, ich kenne das Licht! Ja, ich kenne die Weisheit! Ich weiß, dass ich schon viel zu lange auf dem dunklen Pfad bin. Ich weiß, dass ich mich verirrt habe und ich möchte nach Hause kommen!“

Der Frieden wohnt im Herzen eines jeden Menschen und schreit förmlich mit jedem Atemzug, mit jedem deiner Worte, mit jedem deiner Gedanken und mit einem jeden Lächeln danach, ausgedrückt zu werden. Solange dieser Frieden nicht im Herzen von jedem Mann, jeder Frau und jedem Kind erwacht, wird es Krieg und Seuchen, Zwietracht, Gier und Rache geben. Die Lektionen werden oft nicht leicht gelernt, aber sie müssen gelernt werden und sie müssen mitgeteilt werden. Jeder von euch ist ein eigenständiger Lehrer, auch wenn das bedeutet, dass ihr jemandem beibringen müsst, wie er eine Schaufel hält und seinen eigenen Dreck schippt. Wir alle haben Dinge mit unseren Brüdern und Schwestern zu teilen – etwas so Göttliches, dass selbst wir noch nicht die volle Bedeutung unserer Begabungen verstehen können.

Wir alle sind göttliche Wesen, die sich auf einer wichtigen Reise befinden. Möchtet ihr zu der Größe eurer vollen Pracht aufsteigen oder wollt ihr weiterhin eure Leben im Chaos führen? Niemand außer euch ist für diese Reise verantwortlich. Jeder von euch geht seine eigenen Schritte vorwärts, genauso wie zurück, für welches Ergebnis werdet ihr euch also entscheiden? Nur ihr könnt diese Entscheidung treffen, egal wie weise eure Lehrer sein mögen. Während ihr fortfahrt zu lernen, euer göttliches Selbst vollständig zu verkörpern, denkt daran, dass ihr diejenigen seid, die euch am Ende richten werden.

Am Ende von *Die Smaragdtafeln für die Neue Zeit* möchte ich, Thoth, euch noch eine weitere inspirierende Geschichte aus meiner Zeit im alten Atlantis erzählen. Mein Herz ist erfüllt von all dem, was bisher mitgeteilt worden ist und ich bin euch dankbar für euer Interesse und eure Aufmerksamkeit.

In der Zeit, die ich in Atlantis verbrachte, gab es viele Festlichkeiten und Möglichkeiten, an von einer Person, einer Gruppe oder anderen gemachten große Entdeckungen oder Erkenntnissen teilzuhaben. Eine solche Festlichkeit fand statt, als der Winter anfing, die Inseln kalt und frostig werden zu lassen. Wir hatten einen Wettbewerb, bei dem wir herausfinden wollten, wer mutig genug war, in das kalte Wasser des Meeres zu springen und eine kurze Strecke zu schwimmen, um einen Preis zu gewinnen. Viele, viele Menschen versuchten sich an dieser Heldentat. In einem Jahr gewann ein noch recht junger Mann diesen Wettbewerb, indem er nicht nur die Strecke schwamm, sondern dieses ohne jegliche Kleidung am Körper tat. Nacktheit wurde damals in der Öffentlichkeit nicht geduldet. Dieser junge Mann sagte, dass die Tatsache, dass er nackt war, der Schlüssel zu seinem Erfolg war und deshalb wurde ihm erlaubt, nackt zu schwimmen, um den Wettbewerb mit großer Leichtigkeit zu gewinnen.

Erst im darauf folgenden Sommer enthüllte er sein Geheimnis gegenüber einigen Menschen. Er hat sich von Kopf bis Fuß mit Seehundöl eingerieben; dieses hatte hervorragende Isolationseigenschaften. Sein Körper fühlte unter diesen Bedingungen die Kälte so gut wie überhaupt nicht. Er lachte und lachte, als er das erzählte, weil er der Meinung war, dass er etwas gefunden hatte, mit dem er allen anderen Wettbewerbern voraus war.

Im Winter tauchte nun jeder einzelne Wettbewerber nackt und mit Seehundöl auf dem gesamten Körper auf. Und, wer hatte nun Grund zu Lachen? Jeder lachte den jungen Mann aus, weil er sein

Geheimnis, mit dem er den Wettbewerb gewonnen hatte, preisgab. Jedoch lachte auch er – über seine Mitbewerber. Er wusste, dass er sie mit seiner Geschichte dazu gebracht hatte, nackt zu schwimmen, eine Leistung, die bei den Bedenken über Nacktheit zu dieser Zeit sonst niemals erbracht worden wäre. Er war eindeutig derjenige, der zuletzt lachte!

Der Sinn dieser Geschichte besteht darin, dass Menschen in alten Traditionen und Lebensweisen feststecken und der Meinung sind, dass das Leben für alle Ewigkeit in derselben Art und Weise weitergehen muss. Während in Wahrheit das Leben ungeachtet der Tradition, der man folgt, weitergeht. Tatsächlich kommen neue Dinge, die das Leben der Menschen leichter und angenehmer machen, schneller je innovativer sie sind. Jetzt ist es an der Zeit, dass die Menschen kreativ, innovativ und furchtlos in dem werden, was sie tun und sagen. Neue Wege, auf das Leben zu reagieren, sind ein absolutes Muss und können sogar zu irgendeinem Zeitpunkt wichtig für dein Überleben sein. Anders zu sein ist das, was antiquierte Traditionen und Ängste, die uns alle lähmen und blockieren können, durchbricht. Wo würden wir heute ohne unsere furchtlosen Wegbereiter sein?

Der Erfolg wartet auf euch. Verbinden wir uns deshalb und finden wir heraus, wie viel Spaß wir dabei haben können, wenn wir bei allem, was wir tun, erfolgreich sind.

Kapitel 24

Wie geht es weiter?

Wie benutzt man nun dieses Wissen, das auf diesen Seiten mitgeteilt wurde, im alltäglichen Leben? Du kannst es als Brücke oder als Sprungbrett benutzen, um noch mehr Torwege zu erforschen. Viele Menschen haben vergessen, wie man Reisen in die ätherischen Existenzebenen, die entscheidend dafür sind, dass du dich daran erinnerst, warum du hierher gekommen bist, unternimmt. Diese Torwege sind unbegrenzt und enthalten in sich alles Wissen. Dieses Wissen muss wieder eingegliedert und zu einem Bestandteil deiner erweiterten Sicht deines Selbst werden. Du bist viel mehr als dein physischer menschlicher Körper. Dieser ist nur ein Fahrzeug, in dem du gerade auf Reisen bist. Meditation ist der Schlüssel, der die Tür zu deiner wahren Heimat, die keine Grenzen kennt, öffnet.

Das Universum hat unbegrenzte Möglichkeiten für dich zu forschen, daher vertraue deiner Intuition, dass sie dich zum besten Ort für deine erweiterte Entwicklung bringt. Wo auch immer deine Intuition dich hinführt, achte auf die Details, denn es gibt so viel zu verstehen, so viel zu verarbeiten und so viel zu integrieren. Die meisten von euch haben ihren Forschungssinn und ihren Wunsch, zu erfahren, was die Sterne so hell scheinen lässt, verloren. Ihr habt die Verbindung zu der Großartigkeit, die überall ist, verloren – eine Großartigkeit, die sich in grenzenlosen

Spaß und günstige Gelegenheiten umwandelt. Die Leidenschaft ist der Kraftstoff, der dich zu deinem nächsten Bestimmungsort trägt. Folge deiner Leidenschaft und beobachte sehr genau auf deinem Weg, mit offenen Augen und Ohren für alles, was sich dir zeigt. Die Gelegenheiten werden sich vervielfältigen, während du ein Detail nach dem anderen beobachtest. Sorge dafür, dass du diese Details voll und ganz verstehst. Jedes einzelne von ihnen ist der nächste Schritt auf deinem Weg zum Erfolg. Begrüße diesen Schritt mit derselben Leidenschaft, die dich überhaupt erst dorthin gebracht hat. Wenn du alles, was dir möglich ist, darüber gelernt hast, mache eine Inventur von den gelernten Lektionen. Bitte dich, dir zu sagen, was als nächstes kommt. Dann mach einen weiteren Schritt in das Unbekannte. Folge diesen Schritten an jedem Tag deines Lebens und *wisse*, dass du erfolgreich sein wirst. Du bist die Räder des Triumphwagens, den du fährst.

Dieser Wagen ist jetzt kaputt – kaputt und sammelt Staub auf irgendeinem Parkplatz an. Es ist an der Zeit, dass jeder seinen Triumphwagen aktiviert, denn das Leben ist zu kurz, als dass du weiterhin deine Macht leugnest. Hol die kreativen Ideen aus dem Schrank und leg los so gut du nur kannst. Die Gelegenheiten werden sich dir zeigen. Sei tadellos. Sei wahrhaftig. Sei bescheiden und gewaltig zur gleichen Zeit. Die ganze Welt wartet darauf, dass du überragend bist, worauf wartest du noch? Das Leben wird pulsierender, wenn wir alle vollständig teilnehmen.

Kannst du die Kraft in deinen Regungen fühlen? Kannst du die Möglichkeiten sehen? Kannst du die Stimme in dir hören, die sagt:

„Ja, ja, ja!" Fühlt dein Herz die Freude? Heute ist ein neuer Tag. Was kannst du machen, dass dieser Tag aufregend wird? Du bist am Steuer, in welche Richtung wirst du das Rad drehen?

Wir können so viel mehr, als wir jetzt sind, sein, besonders, wenn wir als Team zusammenarbeiten, das in allem herausragend sein will. Leg deine Bewertungen beiseite. Überdenke alle Grenzen, die du dir selbst und anderen gesetzt hast. Achte auf die Schönheit um dich herum. Tritt in die Fußstapfen derer, die dich am meisten inspirieren in dem Wissen, dass auch du für andere eine Inspiration sein kannst. Führe dein Leben, als ob es kein Morgen gäbe. Gib dein Bestes in jedem Augenblick an jedem Tag. Liebe alle Menschen überall. Wir verlangen nicht mehr als das von euch.

Nun ist es an der Zeit, Abschied zu nehmen. Ich, Thoth, kehrte zu euch zurück in dieser Zeit der Not, um euch zu inspirieren und euch an eure Großartigkeit zu erinnern. Auch ihr könnt die Welt verändern, also macht aus ihr das Paradies, in das ihr in euren Träumen geht. Ihr verdient nicht weniger.

Wenn dieses Buch nun ausklingt, verlasse ich euch, damit ihr über eure Zukunft nachdenken könnt. Ich lasse euch zurück, damit ihr Frieden finden könnt. Ich lasse euch hier zurück in der Hoffnung, dass auch ihr zu eurem göttlichen Selbst erwachen werdet. Wisset, dass ich immer da sein werde, um in Freude zuzuschauen, wie ihr die Gabe des ewigen Lebens annehmt.

Stichwortverzeichnis

Abgrund: ein dem Menschen noch unbekannter Raum; Thoth sah, wie Ordnung aus Chaos und den Winkeln der Nacht geformt wurde. Er sah, wie das Licht der Ordnung entsprang und hörte die Stimme des Lichtes. Er sah die Flamme des Abgrundes; der Gedanke, der im Abgrund wuchs; wenn neue Bewusstseinswellen aus dem großen Abgrund unter uns zu der Sonne ihres Zieles fließen.

Agwanti: ein Zustand der Losgelöstheit; der Traum-Zustand des allwissenden Residenten. Der Resident lag in seinem Agwanti, während seine Seele durch Atlantis schweifte.

Alles-Was-Ist: eine Kraft, die "das Universum zusammenhält" und die in den Zellen aller fühlenden Wesen lebt; umfasst die gesamte molekulare Struktur allen kosmischen Daseins; die Erste Ursache; Gott aller Götter.

Amenti (Die Hallen von): sind ein großartiger Ort des Lernens und der Erneuerung tief unter der Erdkruste, wo die kalte Blume des Lichtes brennt; ... wo der Fluss des Lebens ewiglich weiterfließt; ... der Unterwelt, in der der große König auf seinem Thron der Macht sitzt. ... die Hallen der Toten und die Hallen der Lebenden; die Kinder des Lichtes bauten die Hallen von Amenti, auf dass sie dort ewig wohnen mögen, ein Leben führen bis ans

Ende der Ewigkeit; ....sitzen die Sieben, die Herren der Zyklen, nun tief unter den versunkenen Inseln von Atlantis.

Anderen (die): schrieben die Smaragdtafeln über Thoth, seine Erfahrungen und seine ihm eigene Fähigkeit, Weisheit zu erlangen; sie – viel weiser als ich [Thoth] – sind die Beobachter von allem, was in jedem Moment von Zeit und Nicht-Zeit geschieht. Weise Wesenheiten, die im großen Jenseits wohnen. (Kapitel Thoth, der Atlanter, stellt sich vor).

Angst: sie wurde von denen geschaffen, die durch ihre Ängste gebunden sind.

Arulu (Die Hallen von): ... mit Grenzen geschützt, und nur denen geöffnet wird, die erfüllt sind vom Licht; die Sphäre der vom Himmel geborenen Mächte; das Land, wo die Großen leben; Thoth wird sich zu den Großen in seiner alten Heimat gesellen, wenn seine Arbeit unter den Menschen beendet ist.

Ba: ist die Seelenessenz, die ewig lebt; ist ein Schlüssel zu Leben und Tod.

Blau erleuchteter Tempel: wo du im Feuer allen Lebens baden kannst; in den Hallen von Atlantis (gemäß Thoth).

Blume(n) des Feuers: die Seelen der Menschen, die Thoth in den Hallen von Amenti gezeigt wurden – Millionen und Aber-Millionen - kommend und gehend wie Leuchtkäfer im Frühling, erfüllten sie den Raum mit Licht und mit Leben.

Blume des Glanzes: siehe Blume des Lebens

Blume des Lebens (und des Lichtes): das kalte Feuer, das in den Hallen von Amenti brennt, tief im Herzen der Erde (Kapitel: Thoth der Atlanter stellt sich vor). ... die Hallen der Toten und die Hallen der Lebenden, gebadet im Feuer der Blume des Lebens (Kapitel 8: Die Hallen von Amenti). In der kalten Blume des Glanzes sitzen sieben Herren der Kreisläufe aus den Raum-Zeiten über uns (Kapitel 8: Die Hallen von Amenti). ... ist im blau erleuchteten Tempel (Kapitel 12: Enthüllte Geheimnisse). ... ist wie dein eigener Ort des Geistes und strömt durch die Erde wie deiner durch deine Form fließt, der Erde und ihren Kindern Leben spendend, den Geist erneuernd von Form zu Form (Kapitel 17: Leben und Tod). Inthronisiert den Heiligen (den Residenten); die Gegenwart des Lichtes in der großen Welt; erfüllt jeden, der sich ihm nähert, mit ewigem Leben, Licht und Macht.

Blume von Amenti: siehe Blüte des Lebens

Blüte des Lebens: die Blume von Amenti, ... , die in den Hallen scheint; siehe auch: Blume des Lebens.

Brüder der Dunkelheit: durch die Jahrhunderte die Gegenspieler der Kinder der Menschen, die sich in der Dunkelheit der Nacht verbergen; die Seelen der Menschen zu versklaven und zu binden; der Mensch rief sie von unten in seiner Unwissenheit.

Brüder des Glanzes: lass sie dich mit Licht erfüllen; nachdem Atlantis sich über die Meereswellen erhoben hat, werden sie die Menschen regieren; siehe auch: Kinder des Lichtes.

Coreal: die atlantische Insel, die für das militärische Training zuständig war.

Duat: Heimat der Mächte der Illusion; einer der zwei Bereiche zwischen diesem Leben und dem großen, in die die Seelen, die die Erde verlassen haben, reisen. Fünfzehn Wege führen nach Duat.

Dunkelheit: ist nur ein Schleier; Dunkelheit und Licht sind beide von einer Beschaffenheit; Dunkelheit ist Unordnung.

Dunkle Brüder: siehe auch: Brüder der Dunkelheit

Durchgang nach Amenti: unter der Großen Pyramide, beide wurden von Thoth erbaut, indem er die Kraft benutzte, die die Erdkraft (Schwerkraft) überwindet (Kapitel 6: Demut als Stärke).

Erde: ist nur ein Portal, bewacht von dem Menschen unbekannten Mächten.

Erste Ursache (die): Alle Wirkungen sind aus ihr entstanden. (Kapitel 16: Ursache und Wirkung). Siehe Alles-Was-Ist.

Ewige Flamme: der Quelle aller Weisheit, der Ort, wo alles begann, der doch eins ist mit dem Ende aller Dinge.

Ewiges Feuer: derjenige, der das Feuer in sich selber kennt, soll aufsteigen in das ewige Feuer und dort ewiglich leben. Das innere Feuer, das in den Kindern der Menschen zu finden ist. .... das von Farbe zu Farbe wechselt, niemals dasselbe ist von einem Tag auf den anderen... das Leben ist lediglich das Wort des Feuers.

Fesseln: die Ketten, die die Menschen an die Dunkelheit der Nacht binden.

Feuer: siehe ewiges Feuer

Feuer des Glanzes: siehe Blume des Lebens

Feuer des Lichtes: siehe Blume des Lichtes und des Lebens.

Flamme des Abgrundes: Thoth sah die Flamme des Abgrundes, wie sie Ordnung und Licht hervorbrachte; die Quelle von Allem, sie enthält alles als Möglichkeit.

Flamme des Kosmischen: existiert in Ebenen, die der Mensch nicht kennt, mächtig und im Gleichgewicht, sich in der Ordnung bewegend, Musik voll von Harmonien, weit jenseits des Menschen, mit Musik sprechend, singend mit Farben, aufflammend vom Anfang des ewigen Ganzen.

Flügel des Morgens (die): das Raumschiff, das Thoth nach Khem trug als Atlantis versank; Tief unter den Felsen begrub Thoth sein Raumschiff, errichtete ich einen Markierung in der

Form eines Löwen jedoch ähnlich dem Menschen; (Kapitel 11: Der Resident von Unal).

Fluss des Lebens (der): fließt ewiglich weiter in den Hallen von Amenti. (Kapitel 6: Demut als Stärke).

Ganze in der Unendlichkeit (das): Für immer führt das Schicksal den Menschen aufwärts in die Wölbungen des Ganzen in der Unendlichkeit (Kapitel 10: Der Raumgeborene).

Geheimnis der Geheimnisse (das): wie auch du dich zum Licht erheben kannst; das euch die Macht geben wird, den Gottmenschen zu entfalten, das euch den Weg ins ewige Leben weisen wird. (Kapitel 19: Das Geheimnis der Geheimnisse).

Gesetz (das): das Gesetz regiert den Raum, wo das Unendliche wohnt. (Kapitel 9: Die sieben Herren der Zyklen).

Gleichgewicht: die großen Zyklen kamen aus der Ausgeglichenheit, sie bewegen sich in Harmonie auf das Ende der Unendlichkeit zu; Ordnung und Ausgeglichenheit sind das Gesetz des Kosmos.

Götter: So wie ich für euch ein Gott bin durch mein Wissen, so werdet auch ihr Götter sein für jene, die nach euch kommen, da euer Wissen weit über ihrem sein wird (Kapitel 16: Ursache und Wirkung).

Gott: Drei sind die Qualitäten Gottes in seinem Haus des Lichtes: unendliche Macht, unendliche Weisheit, unendliche Liebe (Kapitel 18: Arulu wartet).

Gott aller Götter: der Sonne des Geistes, beim Herrscher der Sonnensphären (Kapitel 18: Arulu wartet). Siehe Alles-was-ist.

Große Abgrund (der): siehe Abgrund.

Große Essenz (die): Licht ist Leben, denn ohne das große Licht kann nichts je existieren (Kapitel 14: Zeit und Nicht-Zeit). Verbindet eure Seele mit der Großen Essenz (Kapitel 16: Ursache und Wirkung).

Größere Ganze (das): Weit jenseits des Vorstellungsvermögens des Menschen dehnt sich die Unendlichkeit aus in ein größeres Ganzes. Dort, in einer Zeit, die doch keine Zeit ist, werden wir alle eins werden mit einem größeren Ganzen. (Kapitel 9: Die sieben Herren der Zyklen).

Große Grenze (die): an den Ufern, wo die Zeit nicht existiert; bewacht von den Hunden der Grenze (Kapitel 12: Enthüllte Geheimnisse).

Große Licht (das): das den Kosmos erfüllt (Kapitel 13: Freiheit des Raumes). Siehe große Essenz.

Große Pyramide (die): errichtet von Thoth; nach dem Vorbild der Pyramide der Erdkraft; erbaut als Initiationsstätte; ein Tor, das ins Leben führt; Thoth sprengte den Durchgang zu den Hallen von Amenti heraus, bevor er Khem verließ; hält die Schlüssel zum Weg in das Leben. (Kapitel 6: Demut als Stärke).

Hallen von Amenti (die): siehe Amenti (die Hallen von)

Hallen von Arulu (die): Arulu (die Hallen von)

Hallen des Lebens: sind innerhalb der Hallen von Amenti; erfüllt mit Weisheit; dort sitzen die 32 Kinder des Lichtes um das kalte Feuer des Lebens herum; dort liegen die Körper der großen Meister schlafend von Äon zu Äon, während sie unerkannt ein Leben unter den Menschen führen (Kapitel 8: Die Hallen von Amenti).

Hallen der Toten (die): siehe Hallen des Todes.

Hallen des Todes (die): unterhalb der Hallen von Amenti; gewaltig; die Wände aus Dunkelheit und doch gefüllt mit Licht; DREI ist der Schöpfer der Hallen des Todes (Kapitel 3: Herren der Weisheit).

Herr der Dunkelheit (der): dunkler als die Dunkelheit, sitzt auf einem Thron in der Halle des Todes, hält die Flamme des Menschen in Knechtschaft, Führer auf dem Weg vom Leben in den Tod, (Kapitel 8: Die Hallen von Amenti), siehe Herr der Nacht.

Herr der Nacht: siehe Herren von Arulu.

Herren der Zyklen (die Sieben): In der kalten Blume des Glanzes sitzen sieben Herren der Kreisläufe; jeder mit seinem Auftrag, jeder mit seinen Kräften, das Schicksal der Menschen führend und leitend (Kapitel 8: Die Hallen von Amenti). Hohe Herren der Kinder des Morgens; Sonnen der Kreisläufe; Herren der geheimen Weisheit, die aus der Zukunft vom Ende der Unendlichkeit gebracht wurde; von ihnen kam der Logos (Kapitel 9: Die sieben Herren der Zyklen). Sie manifestieren sich durch ihre Macht, die erfüllt ist mit der Kraft aus dem Jenseits (Kapitel 12: Enthüllte Geheimnisse). Sie sind Bewusstseinseinheiten, die von den Anderen gesandt wurden, um alles hier mit Allem zu vereinigen (Kapitel 15: Wie oben so unten).

DREI – Untanas, Herr der verborgenen Magie: hat inne den Schlüssel aller verborgenen Magie; Schöpfer der Hallen des Todes; er leitet das Negative zu den Kindern der Menschen. (Kapitel 3: Herren der Weisheit, Kapitel 7: Magie und Integrität).

VIER – Quertas, Herr des Lebens, der die Macht den Kindern der Menschen überlässt. Licht ist sein Körper, eine Flamme sein Angesicht; er befreit die Seelen der Kinder der Menschen. (Kapitel 3: Herren der Weisheit, Kapitel 7: Magie und Integrität).

FÜNF – Chiatel, Meister, Herr über alle Magie, der Schlüssel zu dem Wort, das laut unter den Menschen ertönt. (Kapitel 3: Herren der Weisheit, Kapitel 7: Magie und Integrität).

SECHS – Goyana, Herr des Lichtes ,der verborgene Pfad, der Weg für die Seelen der Kinder der Menschen. (Kapitel 3: Herren der Weisheit, Kapitel 7: Magie und Integrität).

SIEBEN – Huertal, Sieben ist der Herr der Weiten, Meister des Raumes und der Schlüssel der Zeiten. (Kapitel 3: Herren der Weisheit, Kapitel 7: Magie und Integrität).

ACHT – Semveta, der Herr der Ausgeglichenheit. Er bringt die Reise der Menschen ins Gleichgewicht. (Kapitel 3: Herren der Weisheit, Kapitel 7: Magie und Integrität).

NEUN – Ardal, der Vater, von gewaltigem Angesicht, formend und verändernd aus der Formlosigkeit. (Kapitel 3: Herren der Weisheit, Kapitel 7: Magie und Integrität).

Herren des Morgens (die): siehe Kinder des Lichts.

Herren von Amenti (die): Sie sind sieben, die Herren von Amenti, hohe Herren der Kinder des Morgens, Sonnen der Kreisläufe, Herren der Weisheit (Kapitel 3: Herren der Weisheit). Sie sangen das Lied der Zyklen, die Worte, die den Weg ins

Jenseits öffnen (Kapitel 14: Zeit und Nicht-Zeit). Siehe Herren der Zyklen.

Herren von Arulu (die): dunkle Gestalten, die Gestalten des Herren Arulu. Furchterregend ist der Herr des dunklen Arulu nur für den, der sich niemals der dunklen Angst gestellt hat (Kapitel 14: Zeit und Nicht-Zeit). Die Herren der Nacht; nur sie konnten sich dank ihres unendlichen Gleichgewichtes dem herein stürzenden Chaos entgegenstellen; nur sie konnten die Schöpfung Gottes schützen (Kapitel 18: Arulu wartet).

Herr von unten (der): Tief unter der Oberfläche der Erde in den Hallen von Amenti sitzen die Sieben, die Herren der Zyklen, und noch ein weiterer, der Herr von Unten (Kapitel 15: Wie oben so unten).

Hohler Knochen: ein Ausdruck der Ureinwohner Amerikas, bedeutet, ein klarer Informationsempfänger zu werden; ein Empfänger, der so klar ist, dass, egal welche Botschaft die geistige Welt auch durch ihn sendet, sie niemals durch seine persönlichen Glaubensvorstellungen verdreht wird.

Horea: eine der atlantischen Inseln; ihr Hauptzweck war es, die meisten finanziellen Belange aller zehn Inseln zu regeln. (Kapitel: Atlantis und Lemurien).

Horlet: siehe der Resident.

Hunde der Grenze (die): formlose Formen, die in der Nicht-Zeit existieren und sich nur in Winkeln bewegen; Verschlinger der Seele an den grauen Ufern am Ende von Raum und Zeit, die das Tor zum Jenseits bewachen; klingen wie das Bellen eines Hundes, das klar und ähnlich wie Glocken durch dein Sein klingt, Wächter des Weges; die, die in Winkeln leben; (Kapitel 12: Enthüllte Geheimnisse).

Isis: ist die Mutter, die für ihre Kinder bittet, Königin des Mondes, die Sonne reflektierend, und sie steht für alles, was richtig ist (Kapitel 18: Arulu wartet).

Ka: ist der Schatten, den der Mensch als Leben kennt. Ist ein Schlüsse zu Leben und Tod. (Kapitel 18: Arulu wartet).

Khem: Das Land (später bekannt als Ägypten), in das Thoth nach dem Untergang von Atlantis ging; Thoth erreichte das Land der Kinder von Khem; (Kapitel 6: Demut als Stärke).

Kinder des Lichtes: die unter uns (Kinder der Menschen) weilten; Die Söhne der Menschen sind Kinder des Lichtes in einem physischen Körper inkarniert, stiegen sie herab und erschufen Körper ähnlich wie die der Menschen. Die Kinder des Lichtes sagten, nachdem sie Form angenommen hatten, Wir sind die, die aus dem Staub des Raumes geformt sind, wir haben teil am Leben des unendlichen Ganzen, wir leben in der Welt als Kinder der Menschen, den Kindern der Menschen gleich und doch nicht gleich; sie kamen, um die zu befreien, die von der

Kraft von jenseits gebunden waren. In den Hallen des Lebens ist die Blume des Lebens mit zweiunddreißig Thronen um sie herum, dreißig und zwei, Plätze für jedes der Kinder des Lichtes; ewig lebend um das kalte Feuer des Lichtes in den Hallen von Amenti. Sie streben danach, die Kinder der Menschen zu befreien; Wächter der Menschen; bauten und bewohnen die Hallen von Amenti (Kapitel 8, Hallen von Amenti).

Kinder der Schatten: Wesen dunkler Magie mit Schlangenköpfen mit Formwandler-Fähigkeiten, die aus dem Königreich der Schatten – die große Tiefe unter uns – auf die Erde kamen; die Erdenmenschen riefen sie, um große Macht zu erlangen; sie trachteten danach, den Menschen zu zerstören und an seiner Stelle zu herrschen; *Kininigen* ist das einzige Wort, das die Schlangen nicht aussprechen können – die einzige Möglichkeit, den Schleier vom Gesicht der Schlangen zu ziehen; sie wandeln immer noch ungesehen unter euch dort, wo die Riten gesprochen wurden.

Kosmos: Ordnung und Ausgeglichenheit sind das Gesetz hier; Verschmelze mit dem Kosmos; der Kosmos ist aus Ordnung gemacht, und ist Teil einer Bewegung, die sich in den ganzen Raum erstreckt; (Webster) ein geordnetes, harmonisches und systematisches Universum.

Land Arulu (das): siehe Arulu

Leben (das): ..... ist lediglich das Wort des Feuers (Kapitel 13: Freiheit des Raumes).

Leere (die): Im Anfang war die Leere des Nichts, ein zeit- und raumloses Nichts. Und in das Nichts kam ein Gedanke, zielgerichtet, alles durchdringend, und er erfüllte das Nichts, (Kapitel 14: Zeit und Nicht-Zeit).

Lemuria: ein Ur-Kontinent im nordpazifischen Ozean, der vor Atlantis existierte (Kapitel: Atlantis und Lemurien).

Licht: dein Erbe; ist Ordnung; ist umgewandelte Dunkelheit. Dies ist der Zweck eures Seins, meine Kinder, die Verwandlung von Dunkelheit in Licht (Kapitel 19: Das Geheimnis der Geheimnisse).

Lied der Zyklen (das): die Worte, die den Weg ins Jenseits öffnen; gesungen von den Herren von Amenti. (Kapitel 14: Zeit und Nicht-Zeit).

Logos (der): die Macht der Schöpfung (von Thoth), von den Herren der Zyklen kam der Logos (Kapitel 3: Herren der Weisheit). Die Söhne von Amenti benutzten ihn, um eine Veränderung in der Frequenz in der Blume des Feuers herbeizuführen, was Atlantis zum Sinken brachte (Kapitel 6: Demut als Stärke).

Magie: ist Wissen und nur das Gesetz. (Kapitel 14: Zeit und Nicht-Zeit).

Mensch (der): ein Feuer, das hell durch die Nacht scheint, ein Stern, gebunden an einen Körper, (Kapitel 3: Herren der Weisheit). Der Mensch ist eine Flamme, gebunden an einen Berg (Erde); ein Kind des unendlichen Lichtes, ein Sohn der großen Sonne, Licht ist dein Erbe (Kapitel 10: Der Raumgeborene); das Tor der Mysterien und der Schlüssel, der eins ist mit allem, lichtgeborener Geist, doch ohne dies zu wissen, kann er niemals frei sein (Kapitel 13: Freiheit des Raumes). ...ist das, was er zu sein glaubt, ein Bruder der Dunkelheit oder ein Kind des Lichtes. Wisset, dass eure Wesensart dreifach ist: physisch, astral und mental in einem.

Muria: Eine der atlantischen Inseln, auf der die Kunst der Mutterschaft erlernt werden konnte (Kapitel: Atlantis und Lemurien).

Mynea: die südwestlichste der atlantischen Inseln, berühmt für seine vielen Gebiete mit Mineralien, Edelsteinen und Kristallen (Kapitel: Atlantis und Lemurien).

Mysterium (das): ist nur dann ein Mysterium, wenn es dem Menschen unbekanntes Wissen beinhaltet (Kapitel 14: Zeit und Nicht-Zeit).

Mysterium der Natur (das): die Beziehungen des Lebens zu der Erde, auf der wir leben (Kapitel 19: Das Geheimnis der Geheimnisse).

Mysterium der Zyklen (das): deren Bewegungsweise fremdartig ist für das Endliche, denn sie ist unendlich jenseits des menschlichen Wissens. Wisse, dass es neun Zyklen gibt, neun oben und vierzehn unten, sie bewegen sich harmonisch hin zu dem Ort der Vereinigung, der in der Zukunft der Zeit existieren wird. (Kapitel 15: Wie oben so unten).

Nemina: Die Garteninsel von Atlantis. (Kapitel: Atlantis und Lemurien).

Nicht-Zeit: nur die Nicht-Zeit enthielt den Schlüssel zu der Weisheit, die ich suchte (Kapitel 13: Freiheit des Raumes).

Ordnung: Die gesamte Schöpfung beruht auf Ordnung. Die sieben Herren der Zyklen wurden geformt von der Ordnung von allem. (Kapitel 9: Die sieben Herren der Zyklen). Nur in der Ordnung bist du eins mit dem Ganzen. (Kapitel 10: Der Raumgeborene).

Osiris: der Hüter des Portals, der die Seelen von unwürdigen Menschen zurückweist (Kapitel 18: Arulu wartet).

Quelle der Weisheit: … die die Zyklen aussendet, ewiglich neue Kräfte zu erlangen sucht (Kapitel 15: Wie oben, so unten).

Quellen des Lichts: siehe Reine Flamme (Kapitel 18: Arulu wartet).

Reine Flamme (Die): die Himmlischen gehen durch sie hindurch bei jeder Umdrehung der Himmel. Sie baden in den Quellen des Lichtes (Kapitel 18: Arulu wartet).

Resident (der) – Horlet: Er erwachte aus seinem Agwanti, sprach das Wort und rief die Macht; bewirkte eine Veränderung in der Frequenz der ewigen Blume des Feuers, die sich dann wandelte und verschob, den Logos benutzend bis das große Feuer flackerte und sich alles veränderte, was einst in Atlantis war. Obwohl er schläft, lebt er ewig. Auch sucht er häufig die Hallen von Amenti auf. Er erbaute den Tempel auf der atlantischen Insel Unal. Aus dem Äther rief er seine Substanz, gestaltet und geformt von der Macht von Ytolan in die Formen, die er in seinem Geist erbaut hatte (siehe Tempel des Lichtes auf Undal). Er sah, wie die Atlanter mit ihrer Magie das verbotene Tor öffneten. (Kapitel 6: Der Resident von Unal).

Schleier der Dunkelheit (der): verdeckt oder verbirgt das Licht; jede Flamme war umgeben von ihrem schwachen Schleier der Dunkelheit (Kapitel 8: Die Hallen von Amenti). Wenn der Mensch den Höhepunkt des Wachstums in seinem Leben erreicht hat, sendet der Tod schnell seinen Schleier der Dunkelheit, verdeckend und verändernd zu neuen Lebensformen.

Schleier der Nacht (der): siehe Schleier der Dunkelheit.

Schoß der Zeit (der): wo die Ziele des Residenten einst geboren wurden (Kapitel 6: Demut als Stärke).

Seele (die): ist im Licht verborgen; ist ein Funken der wahren Flamme; lebt in Knechtschaft (Kapitel 14: Zeit und Nicht-Zeit).

Sekhet Hetspet: Es gibt zwei Bereiche zwischen diesem Leben und dem großen, in die die Seelen, welche die Erde verlassen haben, reisen. Duat ist die Heimat der Mächte der Illusion, Sekhet Hetspet ist das Haus der Götter (Kapitel 18: Arulu wartet).

Shamballa: den Ort, wo meine Brüder in der Dunkelheit leben, in Dunkelheit jedoch erfüllt mit dem Licht der Sonne (Kapitel 19: Das Geheimnis der Geheimnisse).

Smaragdtafel (die): eine einzelne smaragdfarbene oder grüne Kristallplatte, die auch unter dem Namen *Die Smaragdtafel des Hermes Trismegistos* bekannt ist. (Kapitel: Die Smaragdtafeln).

Smaragdtafeln: siehe detaillierte Beschreibung im Kapitel: Ein Hinweis von Thoth.

Söhne des Horus (die): Es gibt vier Söhne des Horus, zwei von ihnen sind die Wachen von Ost und West (Kapitel 18: Arulu wartet).

Söhne von Amenti (die): wohnen in den Hallen von Amenti; sie hörten den Residenten und bewirkten die Veränderung in der Frequenz der ewigen Blume des Feuers … was den Untergang von Atlantis nach sich zog (Kapitel 6: Demut als Stärke).

Söhne von Atlantis (die): die Lehrer der Menschen von Undal, die nach Khem gingen, als Atlantis im Meer versank (Kapitel 11: Der Resident von Unal).

Sohn des Lichtes: Thoth, nachdem er Unsterblichkeit erlangt hat. Siehe Kinder des Lichtes.

Sphinx (die): wurde während der Herrschaft von Thoth über Khem von den Wesenheiten der Inneren Erde erbaut, aber nicht unter seiner Führung; zu Ehren der Göttin Sakamaba, der Hüterin der heiligen Pyramidenbauten auf der ganzen Erde; die Verbindung in deren energetischer Schaltung (Kapitel: Thoth, der Atlanter, stellt sich vor).

Suntal: die nördlichste der atlantischen Inseln; ein Ort des Lernens, hier waren die Universitäten (Kapitel: Atlantis und Lemurien).

Tempel des Lichtes auf Unal (der): wurde vom Residenten aus ätherischer Substanz erbaut, gestaltet und geformt von der der Macht von Ytolan (Kapitel: Atlantis und Lemurien). Ein Ort hoch spiritueller Ausbildung durch den Residenten; Thoth hat hier studiert. (Kapitel 11: Der Resident von Unal).

Tempel des Lichtes auf Undal (der): erbaut auf einem Berggipfel auf der atlantischen Insel Undal, wo sich das Raumschiff des Residenten befand, es war der letzte Ort, der noch auf dem großen Berg von Undal stand, bevor Atlantis von der Erde verschwand (Kapitel 6: Demut als Stärke).

Thoth, der Atlanter: ein Unsterblicher (Kapitel: Wo all dies beginnt). Meister der Mysterien, Verwalter der Aufzeichnungen, mächtiger König und Magier. Der Abgesandte des Residenten auf der Erde (Kapitel 6: Demut als Stärke). Sohn des Morgens, ewiglich lebend, ein Kind des Lichtes, hell strahlend, wie ein Stern des Morgens. Thoth, der Lehrer der Menschen, repräsentiert die Ganzheit (Kapitel 10: Der Raumgeborene).

Thothme: Thoths Vater, der seine Position als Priester-König von Atlantis auf Thoth übertrug (Kapitel: Thoth, der Atlanter, stellt sich vor); Verwalter des großen Tempels, Verbindung zwischen den Kindern des Lichtes und den Rassen der Menschen, die auf den zehn Inseln wohnten; Sprachrohr des Residenten (Kapitel 6: Demut als Stärke).

Treala: eine Insel genau im Süden von Suntal von Atlantis; für Athleten und zur Körperertüchtigung (Kapitel: Atlantis und Lemurien).

Tresea: eine atlantische Insel für ruhige und friedvolle Retreats (Kapitel Atlantis und Lemurien).

Unal: eine atlantische Insel, auf der Horlet, der Resident, einen riesigen Tempel "aus ätherischer Substanz, gestaltet und geformt von der Macht von Ytolan" erbaute, ein Ort für fortgeschrittene spirituelle Lehrmethoden für Studenten und Eingeweihte der höchsten Stufe (Kapitel Atlantis und Lemurien).

Undal: die atlantische Insel, die Thoths Heimat war; dort wohnten diejenigen, die die spirituellen Künste studierten oder im dortigen Tempel arbeiteten; (Kapitel: Atlantis und Lemurien).

Unendliche Bewusstsein (das): Verloren, aber doch noch da, fließend durch alle Dinge, in allem lebend (Kapitel 9: Die sieben Herren der Zyklen).

Unendliche Feuer (das): das von Farbe zu Farbe wechselt, ist niemals dasselbe von einem Tag auf den anderen (Kapitel 3: Herren der Weisheit). Siehe ewiges Feuer.

Unendlichkeit (die): bewegt sich auf ein undenkbares Ende hin zu (Kapitel 14: Zeit und Nicht-Zeit).

Universum (das): verändert sich ständig; (Webster) ein systematisches Ganzes, das durch direkte Intervention göttlicher Macht entsteht und weiter besteht.

Ur-Äther (der): Du wurdest aus dem Ur-Äther geformt, angefüllt mit der Strahlkraft, die aus der Quelle fließt, gebunden durch den Äther, der um dich herum zusammengeballt wurde, (Kapitel 10: Der Raumgeborene). Die Substanz von allem; siehe Urnebel.

Urnebel (der): das Gesetz, das existiert, während es die Sterne durch die Kraft des Urnebels im Gleichgewicht hält (Kapitel 12: Enthüllte Geheimnisse). Siehe Ur-Äther.

Urzeitliche Chaos (das): ein Anblick des Schreckens; ein Ozean der Dunkelheit (Kapitel 18: Arulu wartet).

Vier Flüsse von Feuer: Aus dem Fuße des Thrones des Heiligen flossen vier Flüsse von Feuer, sie flossen durch die Äther zu der Welt des Menschen (Kapitel 18: Arulu wartet).

Yog Sog: die südlichste atlantische Insel; ein Ort, an dem Werbung für alles Atlantische gemacht wurde, einschließlich Musik, Tanz, Kunst und Theater; wie eine Handelskammer (Kapitel: Atlantis und Lemurien).

Ytolan: Auf einer anderen atlantischen Insel erbaute Horlet, der Resident, einen Tempel, der nicht von den Kindern der Menschen erbaut ist. Aus dem Äther rief er seine Substanz, gestaltete und formte ihn mit der Kraft von Ytolan nach dem Bild, dass er in seinem Geist hatte (Kapitel 11: Der Resident von Unal).

Zeit (die): existiert im gesamten Raum; gleitet in einer gleichmäßigen rhythmischen Bewegung, für alle Ewigkeit in einem Zustand der Fixierung; die Kraft, die Ereignisse getrennt hält; die Zeit bewegt sich in seltsamen Winkeln; (Kapitel 14: Zeit und Nicht-Zeit).

Über die Autorin

Ashalyn ist die Besitzerin/Geschäftsführerin von *Shasta Vortex Adventures* in Mount Shasta in Kalifornien, Chefredakteurin der *Mountain Spirit Chronicles* und Vorstandsvorsitzende des *Ascension Heights Health Resort* – einer Vision, die gerade dabei ist, Wirklichkeit zu werden. Sie bietet schamanische Hypnotherapie-Sitzungen an, Trecking-Touren zu den heiligen Stätten und geführte Visions-Suchen für Menschen aus aller Welt.

Die Smaragd-Tafeln für die Neue Zeit ist ihr erstes veröffentlichtes Buch. Zur Zeit arbeitet sie an zwei weiteren gechannelten Büchern über spirituelles Wachstum und Erkenntnis die bald erhältlich sein werden.

Um Ashalyns Internetseite, ihren Blog, ihre Videos anzuschauen und um ihren Newsletter zu bestellen, besuchen Sie bitte:

www.shastavortex.com

Für weitere Informationen zu diesem Buch besuchen Sie bitte: www.EmeraldTablets.net

Die Smaragdtafeln für die Neue Zeit

Die Weisheit alter Zeiten
für Wahrheitssuchende der Neuzeit

CD zum Buch:

Aufstieg – Enthüllung des göttlichen Menschen

Sprecherin: Renate Lippert

Diese CD enthält als geführte Meditation das Kapitel Aufstieg und Enthüllung des göttlichen Menschen aus dem Buch Die Smaragdtafeln für die Neue Zeit.

CD EUR 19,90

Getragen durch musikalische Sphärenklänge und die Kraft der Stimme und des gesprochenen Wortes, führt diese Meditations-CD den Wahrheitssuchenden in die wundervolle Schwingung der Aufstiegsenergien, wodurch die Öffnung für die Weisheit der Smaragdtafeln und der eigene Aufstiegsprozess energetisch unterstützt wird.

Set 2 CDs für EUR 29,90

Die Telos CDs, Set mit 2 CDs

Adama führt uns mit diesen Meditationen zu den verschiedenen fünfdimensionalen Tempeln in Telos, in denen wir Heilung, Reinigung, Liebe sowie die Erleuchtungs- und Aufstiegsenergien erfahren können. Die Meditations CDs unterstützen den Zugang zu den höheren Mächten Lemuriens. *Beide CDs besprochen von Renate Lippert. Gesamtspieldauer: 140:27 Minuten (CD 1: 77:44 Minuten, CD 2: 62:43 Minuten)*

Inhalt der CDs

CD 1:

1 Zum Großen Jadetempel 15:19

2 Die Reise zum Tempel des göttlichen Willens in Telos 20:45

3 Die Reise zum Tempel der Violetten Flamme in Telos 18:39

4 Die Reise zum Tempel der Erleuchtung 23:01

CD 2:

1 Anrufung der Goldenen Flamme der Erleuchtung 3:58

2 Reise zum Tempel der kristallrosafarbenen Flamme der Liebe 21:25

3 Reise in den Aufstiegstempel von Telos 15:46

4 Reise in den Tempel der Auferstehung in der fünften Dimension 21:34

Geführte Meditations-CDs im Lippert - Verlag

Christus CD, *Autorin und Sprecherin: Renate Lippert*

1. Einleitung 1:38 / 2. Die Liebesflamme im Herzen 17:11
3. Lege alles zu seinen Füßen 19.15 / 4. Begegnung mit Christus in dir 14:27 / 5. Die sieben Stufen zum Aufstieg 18:06. *Gesamt: 70:38, EUR 19,90*

Die bedingungslose Liebe und Barmherzigkeit von Christus ergießt sich in jedes Menschenherz. Er ist unser Begleiter und Erlöser, der uns auf unserem geistigen Entwicklungsweg beisteht, tröstet, führt, schützt und bedingungslos liebt. Egal, welche Erfahrungen unser Lebensweg für uns bereithält, die unendliche Liebe von Christus, seine Gnaden-schwingung und geistige Umarmung, die uns stets geborgen hält.

DEUS CD, *Autor und Sprecher: Rudolf Lippert EUR 19,90*

1 Vorwort 01:52 / 2 GOTT ist 28:40 / 3 LICHT 25:36

„Gott, ich bin eins mit dem universellen Leben, mit der universellen Macht. Diese Kraft hat ihren Mittelpunkt in meiner Natur und erfüllt mich so positiv mit Gottes vollkommener Energie, daß ich sie aussende, daß sich alles zu jeder Form hin wandeln kann: zu Harmonie und Vollkommenheit. Ich weiß, alles ist in Übereinstimmung mit unendlichem Leben und Gottes Freiheit und Frieden..."

Aufstiegsaktivierungen Geführte Meditations CDs-Kosmische Reise

1. Kosmische Reise 50:50, *Dr. J. D. Stone. Sprecher: Rudolf Lippert, EUR 21,90*

Während dieser Meditation unternehmen wir gemeinsam eine kosmische Reise von der Talsohle bis zum Gipfel der Schöpfung. Unter der Leitung von Erzengel Metatron und Erzengel Michael reisen wir vom Zentrum der Erde, über Shamballa, zu den Ashrams der verschiedenen Aufgestiegenen Meister durch die verschiedenen Ebenen immer weiter empor zum Avatar der Synthese - dem Mahatma - bis wir schließlich zum Thron Gottes gelangen.

ISIS CD, Aufstiegsaktivierungs-CD, *Autor: Dr. Stone, Sprecherin: Renate Lippert EUR 19,90*

1. Isis, die Große Pyramide und die Sphinx - Aufstiegsaktivierungs-Meditation 48:51

2. Die Verschmelzung deines Christusselbst mit deinem niederen Selbst 10:16

Diese sehr energiereiche Aufstiegsaktivierungs-Meditation mit Isis in der Großen Pyramide leitet uns durch die sieben Einweihungen zum Aufstieg hindurch. Wir verbinden uns energetisch mit den großen Meistern und erfahren ihre hohe Lichtschwingung und energetische Unterstützung während dieses Prozesses. Die zweite Meditation der CD Verschmelzung deines Christusselbst mit deinem niederen Selbst wirkt ebenfalls sehr schwingungserhöhend.

Mahatma, Brian Grattan

Ein Einweihungsbuch in zwei Bänden

Die Mahatma-Energie ist die zur Zeit wichtigste und höchste Energie, die wir auf der Erde erfahren können. Sie führt uns die 352 Ebenen des göttlichen Bewusstseins hindurch direkt zur Urqelle. Ihre Farbe ist Gold-Weiß mit einer Spur Violett. Es ist eine sehr hohe und subtile Schwingung, die unsere eigene Frequenz stark erhöht und unseren spirituellen Fortschritt sehr beschleunigt. Das Besondere ist: Wir können die Mahatma Energie bitten, uns bei speziellen persönlichen Problemen zu helfen. Wir können zudem darum bitten, dass sie unseren Körper und unser Wesen heilt. *Weitere Informationen: www.lippert-verlag.de*

Buch 1: 360 Seiten, **Buch 2**: 320 Seiten, Überformat, EUR 24,90
Beide Bücher nur direkt beim Lippert-Verlag (siehe Seite 4) erhältlich.
Bitte beachten Sie auch die geführten CDs der CD Serie zu den Büchern!